מְגִילַת אֵיכָה

וּפֵרוּשׁ רָשִׁ"י

Icha Scrolls

Book of Lamentations
Whit Rashi

זֹהַר הַקָּדוֹשׁ

מִדְרָשׁ נֶעֱלָם עַל אֵיכָה

מְנֻקָּד כְּתַב סת"ם

SimchatChaim.com

מְגִילַת אֵיכָה

וּפֵרוּשׁ רָשִׁ"י

Icha Scrolls

Book of Lamentations
Whit Rashi

זֹהַר הַקָּדוֹשׁ

מִדְרָשׁ נֶעֱלַם עַל אֵיכָה

מְנֻקָּד כְּתַב סתת"ם

SimchatChaim.com

בס"ד

ירפא **ה**מאציל **ו**יושיע **ה**בורא את כל חולי בני ישראל, וישלח להם רפואה שלימה, רפואת הנפש ורפואת הגוף, בכל אבריהם ובכל גידיהם לעבודתו יתברך.

בי"ב במנחם אב תשס"ה, הובהלתי לבית החולים, הרופאים לא נתנו לי סיכוי לחיות יותר מכמה שעות בגלל מספר תסבוכות. עם זאת בזכות התפילות של בני ישראל הקדושים, ברחמיו הרבים, ריחם עלי הקדוש ברוך הוא, ונשארתי בחיים.

עם כל זאת, הובחנה אצלי מחלה קשה בכליות, ונאמר לי שהצטרך למכונת דיאליזה. בשבילי זה היה שוק!!! אף פעם לא הייתי אצל רופא, או בבית חולים. כך בעל כרחי התחברתי למכונת דיאליזה, ומכונה זאת הייתה קשורה בי ככלב במשך שמונים חודשים בדיוק, כמניין יסוד, במשך 10-12 שעות ביום.

בשבת פרשת ויחי יעקב י"ב טבת תשע"ב, בזכות בני ישראל, שכולם אהובים כולם ברורים כולם גיבורים כולם קדושים... וכולם פותחים את פיהם באהבה שלוש פעמים ביום, ואומרים - ברוך אתה... רופא חולי עמו ישראל, וכללותם כל האברכים, תלמידי הישיבות, רבנים וחכמים, חסידים, מקובלים עם תינוקות של בית רבן, זקנים עם נערים, בחורים וגם בתולות, בארץ הקודש ובעולם.

ומצד שני בנות ישראל היקרות מפז, שהתפללו וקבלו עליהם כל מיני קבלות, מהפרשת חלה עד צניעות וכיסוי הראש, עם הרבנים, המנהלים, המורים, המורות והתלמידות של בית יעקב דטורונטו שכל יום התפללו, וכללו בתפילתם שבקעה את כל הרקיעים אותי, ונושעתי אני הקטן. הושתלה בי כליה. והתנתקתי ממכונת הדיאליזה.

אמר המלך דוד - לולי תורתך שעשעי אז אבדתי בעניי. מה שנתן לי חיות היא התורה הקדושה, בשעות הרבות שהיתי מחובר למכונת הדיאליזה (כ12 שעות ביום), ערכתי סדרתי, וכתבתי, פצחתי את ראשי התיבות וניקדתי [חלק מהספרים] במחשב את קונטרסים שלמדתי במשך שנים. וקונטרסים אלו הפכו לחיבורים, ואחרי התלבטויות ובקשות מבני גילי, החלטתי בעזרתו יתברך להדפיס קונטרסים אלו.

בברכה והצלחה בלימוד התורה הקדושה.
ובעיקר בפנימיות התורה, והזוהר הקדוש
ורפואה שלימה לכל חולי ישראל.

היב"ש

תוכן הספר

הקדמה על מגילת איכה על פי פנימיות התורה

מדי שנה בליל תשעה באב בבית הכנסת קוראים את **מגילת איכה**. מגילת איכה היא אחת מחמש המגילות המופיעות בתנ"ך, והיא מתארת עד לפרטי פרטים את חורבן בית המקדש הראשון. הנביא מקונן על החורבן, על הגלות האיומה אליה יצאו בני ישראל ועל האסונות שאירעו באותה תקופה.

המגילה נקראת כך על שם המילה בה היא נפתחת: **איכה** - כיצד? כיצד אירע שירושלים, העיר היפה ביותר בתבל, הפכה לעיי חרבות? כיצד קרה הדבר שעם ישראל, העם שנבחר על ידי האלוקים וקיבל ממנו את התורה, מעונה, מגורש ונהרג על ידי אומות העולם?

"איכה ישבה בדד העיר רבתי עם, הייתה כאלמנה. רבתי בגוים, שרתי במדינות, הייתה למס. בכו תבכה בלילה, ודמעתה על לחיה, אין לה מנחם מכל אהביה. כל רעיה בגדו בה היו לה לאויבים. גלתה יהודה מעוני ומרוב עבודה, היא ישבה בגויים לא מצאה מנוח. כל רודפיה השיגוה בין המצרים. דרכי ציון אבלות מבלי באי מועד, כל שעריה שוממין כוהניה נאנחים בתולותיה נוגות והיא מר לה. היו צריה לראש אויביה שלו, כי ה' הוגה על רוב פשעיה..."

כאמור, את המגילה קוראים מדי שנה בליל תשעה באב כדי לזכור את החורבן, לקונן על מה שהיה ולהתפלל לביאת המשיח במהרה בימינו.

סיפור כתיבתה של המגילה מופיע בספר ירמיהו פרק ל"ו. ירמיהו מתאר כיצד בורא העולם פקד עליו לכתוב על מגילה את כל האסונות העומדים להתרחש על עם ישראל אם הם לא יטיבו את מעשיהם וישובו בתשובה לפני האלוקים. ירמיהו מכתיב את

המגילה לברוך בן נריה, מבקש ממנו לאסוף את העם ולקרוא באזניהם את הדברים הכתובים בה.

ספר ירמיהו לא מביא את תגובת העם לדברי המגילה, אך אנשי המלוכה שנכחו במקום לקחו את הדברים לתשומת ליבם. הם השיגו עותק של המגילה והודיעו למלך על תוכנה.

המלך ישב בבית החורף והאח בערה בעוז. כאשר הסתיימה קריאת המגילה, הוא קרע אותה לגזרים והשליך אותה אל האש.

חכמינו זיכרונם לברכה מתארים את הדו-שיח שהתנהל בחצר המלוכה לפני קריעת המגילה: (מועד קטן כו) - "אמרו לו ליהויקים: כתב ירמיה ספר קינות. אמר להם: מה כתוב בו? אמרו לו: איכה ישבה בדד. אמר להם: אני המלך [כלומר: גם לפי דברי נבואה זו, עדיין אהיה המלך]. אמרו לו: עוד כתוב בה – בכו תבכה בלילה. אמר להם: עדיין אני המלך. אמרו לו: גלתה יהודה מעוני. – עדיין אני המלך. דרכי ציון אבלות. – עדיין אני המלך. היו צריה לראש [כלומר: הצוררים ישלטו בעם ישראל]. אמר להם: מי אמר זאת? אמרו לו: כי ה' הוגה על רוב פשעיה. מיד קרע את המגילה ושרף אותה באש."

תקווה וציפיה

לצד הקינה המבכה את צרותיו של עם ישראל, שזורה במגילת איכה נימה של תקווה, תפילה וערגה לימים טובים יותר. כך מסתיימת המגילה במילים "למה לנצח תשכחנו, תעזבנו לאורך ימים, השיבנו ה' אליך ונשובה, חדש ימינו כקדם." ברוח זו, בתחנונים לימים בהם שוב בית המקדש יבנה בירושלים, והמוות והרוע יחדלו להתקיים לנצח, מסתיים אחד הספרים העצובים ביותר בתנ"ך.

זמן גילוי האור

בתשעה באב אנו קוראים את המגילה, המקוננת על חורבן

ירושלים, מגילת איכה. הפסוק השלישי במגילה מבכה על גלות יהודה אשר אויביה שרדפו אותה, הצליחו להכניעה דווקא בזמן בין המייצרים, "גָּלְתָה יְהוּדָה מֵעֹנִי, וּמֵרֹב עֲבֹדָה, הִיא יָשְׁבָה בַגּוֹיִם, לֹא מָצְאָה מָנוֹחַ, כָּל רֹדְפֶיהָ הִשִּׂיגוּהָ בֵּין הַמְּצָרִים", פשט הדברים ברור ועגום. אולם, אם נתבונן **בעין פנימית יותר**, נגלה גם כאן את עוצמת האור של ימים אלו. שבט יהודה הוא כנגד ספירת המלכות, ספירת המלכות היא כנגד השכינה הקדושה. כל רודפיה, אלה דווקא **שוחרי האור**, אותם שחדורים באמונה להתחבר אל אור הבורא בתוך המציאות של העולם הגשמי. מתי ישיגו אותה מבקשיה, דווקא בתקופת בין המייצרים.

כותב דוד המלך בתהילים, "מִן הַמֵּצַר קָרָאתִי יָ-הּ, עָנָנִי בַמֶּרְחָב יָ-הּ". התנועה לגילוי אלוקות עוברת דרך המקום הצר, ומשם אל המרחב. כמו שאמרו חז"ל, "פתחו לי פתח כחודה של מחט ואני אפתח לכם כפתחו של אולם". כדי להגיע אל האור הגדול אנו נדרשים לפתוח פתח קטן. במרבית המקרים, אל הפתח הקטן הזה אנו מגיעים דווקא כשאנחנו מוצאים את עצמנו במיצר. החיים לוחצים אותנו אל המיצר ואנו זועקים. כך היה גם בגלות מצרים ועל ידי צעקת המצוקה הפציע אור הגאולה. "מִן הַמֵּצַר קָרָאתִי יָ-הּ, עָנָנִי בַמֶּרְחָב יָ-הּ".

החכמים אומרים שזה כמו השופר, הפיה קטנה וצרה ומשם השופר הולך ומתרחב, הצליל יוצא מהמקום הצר ומתפשט אל המרחב, "וַיְהִי קוֹל הַשֹּׁפָר הוֹלֵךְ וְחָזֵק מְאֹד". יתרה מזאת, כשאנו קוראים מן המיצר, מהמקום הנמוך והלחוץ, אנו מושכים דווקא את האורות הגדולים המיוצגים בשם י-ה, שהוא כנגד שלוש הספירות הראשונות. כפי שתורת הקבלה מלמדת אותנו שישנו ערך הפוך בין אורות וכלים, הכלי הגס ביותר מושך את האור הזך והגדול ביותר.

כשעם ישראל עמדו על ים סוף, לחוצים בין פרעה וחילו, בין הים והמדבר, לא נראתה ישועה באופק כלל וכלל. אולם ידוע שדווקא

ברגע זה קרה הנס הגדול של קריעת ים סוף. האדמו"ר מקואמרנה אומר שבפסוק שבתוך שירת הים, "אָמַר אוֹיֵב, אֶרְדֹּף, אַשִּׂיג, אֲחַלֵּק שָׁלָל, תִּמְלָאֵמוֹ נַפְשִׁי, אָרִיק חַרְבִּי, תּוֹרִישֵׁמוֹ יָדִי", רואים את תנועת גילוי האלוקות במיצר. זהו המקום היחידי בתורה בו יש חמש מילים המתחילות באות **א'**, **אָ**מַר **אוֹ**יֵב **אֶ**רְדֹּף **אַ**שִּׂיג, **אֲ**חַלֵּק. האות **א'** מייצגת את האור האלוקי, וכאן מתגלות חמש אלפין כנגד חמש המדרגות של הנשמה: נפש, רוח, נשמה, חיה, יחידה, דהיינו, גילוי שלם. מה שאומר האדמו"ר מקואמרנה זה שדווקא כאשר האויב בעקבותינו, דווקא כשאנו מרגישים הכי כלואים שאפשר, אז יש אפשרות לגילוי של האור הכי גדול.

התמונה המתקבלת היא שבין המייצרים היא דווקא תקופה של גילוי אור גדול. כן זה לוחץ, זה מרגיש לעיתים בלתי אפשרי, אבל אם נקשיב לחכמי ישראל ונשתדל להתבונן במציאות עם עיני האמונה, ולעשות את העבודה המוטלת עלינו, נזכה לגלות באמת את האור הגדול המוצפן בתקופה זו.

<u>Introduction to the Book of Lamentations according to the internals parts of the Torah</u>

Every year on the night of Tisha B'Av in the synagogue the Book of Lamentations is read. The Book of Lamentations (Icha) is one of the five scrolls that appear in the Bible, and it describes in great detail the destruction of the First Temple.

The Prophet mourn the destruction, the terrible exile to which the children of Israel went and the disasters that occurred at that time.

The scroll is so named after the word in which it opens: 'Lamentations' - how? How did it happen that Jerusalem, the most beautiful city in the world, became a heap rubble? How did it happen that the people of Israel, the people chosen by God and received the Torah from Him, were tortured, expelled and killed by the nations of the World?

Icha איכה sat alone in the city. She lived the city of Jerusalem, a metropolitan city. Yet, she was like a widow among the Nations. She found no rest. All her persecutors were attained among the borders.

As mentioned, the Megillah is read every year on the night of Tisha B'Av to remember the destruction, mourn for what was and pray for the coming of the Mashiach soon in our day.

The story of the writing of the scroll appears in the book of Jeremiah. Jeremiah describes how the Creator of the world commanded him to write on a scroll all the catastrophes that were about to happen to the people of Israel, if they did not do their deeds and repent before God. Jeremiah dictates the scroll to Baruch the son of Neriah, asking him to gather the people and read to them the things written in it.

The book of Jeremiah does not bring the reaction of the people to the words of the scroll, but the King and Dignitaries' who were present at the place took seriously the words of Jeremiah. They obtained a copy of the scroll and informed the king of its contents.

The king was sitting in his winter house and the fireplace was burning fiercely. When the reading of the scroll ended, he tore it to pieces and threw it into the fire.
Our sages whose memory is blessed, describe the dialogue that took place in the royal court before the tearing of the scroll:

And they said unto him, Behold, Jeremiah hath written a book of lamentations. And he said unto them, what is written in it? And they said unto him, how is it that he sat alone? And he said unto them, I am the king. They wept and cried all night. He said to them: I am still the king. They said to him: Judah is exiled from poverty. - I am still the king. Ways of mourning Zion. - I am still the king. They said to him: "Because the Lord is thinking of most of her (Jerusalem's) crimes. He immediately tore up the scroll and burned it with fire."

Hope and expectation

Alongside the lament that mourns the troubles of the people of Israel, woven in the Book of Lamentations is a tone of hope, prayer and longing for better days. Thus, the scroll ends with the words "Why do we forget forever, we will leave for a long time? The Lord has returned to you and we will return, new to our day as before." In this spirit, in pleading for the days when the Temple will be rebuilt in Jerusalem and death and evil will cease to exist forever. **One of the saddest books in the Bible ends.**

Light detection time

On Tisha B'Av we read the Megillah, lamenting the destruction of Jerusalem, the Book of Lamentations. The third verse in the scroll laments the exile of Judah which his enemies who persecuted him, managed to subdue precisely in time between the straits, However, if we look with a more inner eye, we will also discover here the intensity of the light of these days. The tribe of Judah is compared to the Sefirat of the kingdom, the Sefirat of the kingdom is compared to the Holy Shechinah. All her persecutors, it is precisely the supporter of light of the Shechinah, those who are imbued with the faith to connect to the light of the Creator within the reality of the material world. When will her requests be obtained? Precisely in the period between the time of Limitations (The 17th of Tammuz till the 9th of Av).

King David writes in the Psalms, "In distress I called on Hashem; Hashem answered me and brought me relief." The movement for the discovery of divinity passes through the narrow place, and from there into space. As the sages said, "Open for me an opening like the tip of a needle and I will open for you like the opening of a hall." To reach the great light we are required to open a small opening. In most cases, we reach this small opening precisely when we find ourselves in distress or trouble. In every person's life we have trouble and we cry to God. So, it was in the Exile of Egypt and by the cry of distress the light of redemption emerges. "From the stress I called out to God, and He brought me relief."

The rabbi's said it is like the shofar, the mouth is small and narrow and from there the shofar expands, the sound comes out of the narrow place and spreads to the space, "and there is the sound of the shofar" Moreover, when we call from out from distress, from the lowest of times, we are actually drawn to the great lights represented by the name God, which is compared to the first three sefirot. As the teaching of Kabbalah teaches us that there is an inverse value between lights and vessels, the coarsest vessel attracts the purest and greatest light.

When the people of Israel stood at the Red Sea, pressed between Pharaoh and his army, between the sea and the desert, there was no salvation on the horizon at all. It is known, however, that it was at that very moment that the great miracle of the parting of the Red Sea happened. The Rebbe of Comerana says that in a verse from the Song of the Sea, "He said, 'An enemy, I will pursue, I will obtain, I will divide the spoil, I will fill my soul, I will destroy my sword, Said the enemy, I will pursue, I will divide. The letter A represents the divine light and here five Alpins א:

אָמַר אוֹיֵב אֶרְדֹּף אַשִּׂיג, אֲחַלֵּק

Are revealed against the five steps of the soul: נרנח"י That is the complete revelation. Following us, precisely when we feel as imprisoned as possible, then there is a possibility of the discovery of the greatest light.

The resulting picture is that between the trouble is actually a period of great light discovery. Yes, it's stressful, it sometimes feels impossible, but if we listen to the sages of Israel and try to look at reality with the eyes of faith, and do the work that is entrusted to us, we will truly discover the great light encrypted in this period.

פֶּרֶק א   Chapter 1

א. אֵיכָה | יָשְׁבָה בָדָד הָעִיר רַבָּתִי עָם הָיְתָה כְּאַלְמָנָה רַבָּתִי בַגּוֹיִם שָׂרָתִי בַּמְּדִינוֹת הָיְתָה לָמַס:

Alas, Lonely sits the city Once great with people, she that was great among nations has become like a widow; The princess among states Is become a thrall.

ב. בָּכוֹ תִבְכֶּה בַּלַּיְלָה וְדִמְעָתָהּ עַל לֶחֱיָהּ אֵין־לָהּ מְנַחֵם מִכָּל־אֹהֲבֶיהָ כָּל־רֵעֶיהָ בָּגְדוּ בָהּ הָיוּ לָהּ לְאֹיְבִים:

---

¹ רַשִׁ"י - **אֵיכָה יָשְׁבָה בָדָד**. יִרְמְיָה כָּתַב סֵפֶר קִינוֹת, הִיא הַמְּגִלָּה אֲשֶׁר שָׂרַף יְהוֹיָקִים עַל הָאֵשׁ אֲשֶׁר עַל הָאָח, וְהָיוּ בָהּ שָׁלֹשׁ אָלֶ"ף בֵּיתוֹ"ת: "אֵיכָה יָשְׁבָה", "אֵיכָה יָעִיב", "אֵיכָה יוּעַם". שׁוּב הוֹסִיף עָלָיו "אֲנִי הַגֶּבֶר" שֶׁהוּא שָׁלֹשׁ אָלֶ"ף בֵּיתוֹ"ת, שֶׁנֶּאֱמַר, "וְעוֹד נוֹסַף עֲלֵיהֶם דְּבָרִים רַבִּים כָּהֵמָּה", שָׁלֹשׁ כְּנֶגֶד שָׁלֹשׁ: **בָדָד**. גַּלְמוּד מִיּוֹשְׁבֶיהָ: **רַבָּתִי עָם**. יוּ"ד יְתֵרָה, כְּמוֹ "רַבַּת עָם", שֶׁהָיְתָה עַמָּהּ רַב. יֵשׁ מִדְרְשֵׁי אַגָּדָה הַרְבֵּה, וַאֲנִי בָּאתִי לְפָרֵשׁ לְשׁוֹן הַמִּקְרָא כְּמַשְׁמָעוֹ: **הָיְתָה כְּאַלְמָנָה**. וְלֹא אַלְמָנָה מַמָּשׁ, אֶלָּא כְּאִשָּׁה שֶׁהָלַךְ בַּעְלָהּ לִמְדִינַת הַיָּם וְדַעְתּוֹ לַחֲזוֹר אֶצְלָהּ:

O how...remained lonely Jeremiah wrote the Book of Lamentations. This is the scroll that Jehoiakim burned on the brazier that was on the fire sic. It originally contained three alphabetical acrostics: "O how...remained," "How...brought darkness," "How dim...has become," and he added to it, "I am the man," which contains three alphabetical acrostics, as it is said: "and there were yet added to them many words like those," three corresponding to three. **lonely** solitary, devoid of her inhabitants. **Populous** Heb. רַבָּתִי עָם, great of people. The "yud" is superfluous, like רַבַּת עָם, for her people were many. There are many Aggadic midrashim [on this verse], but I have come to explain the language of the Scripture according to its literal meaning. **She** has become like a widow but not really a widow; rather, like a woman whose husband went abroad and intends to return to her.

² רַשִׁ"י - **בָּכוֹ תִבְכֶּה**. שְׁתֵּי בְכִיּוֹת עַל שְׁתֵּי חֻרְבָּנִין: **בַּלַּיְלָה**. שֶׁהַמִּקְדָּשׁ נִשְׂרַף בַּלַּיְלָה, דְּאָמַר מַר "לְעֵת עֶרֶב הִצִּיתוּ בוֹ אֶת הָאוּר". דָּבָר אַחֵר: "בַּלַּיְלָה", לַיְלָה שֶׁל בְּכִיַּת מְרַגְּלִים

Bitterly she weeps in the night, her cheek wet with tears. There is none to comfort her of all her friends. All her allies have betrayed her; They have become her foes.

ג ♦ גָּלְתָה֨ יְהוּדָ֤ה מֵעֹ֨נִי֙ וּמֵרֹ֣ב עֲבֹדָ֔ה הִ֚יא יָשְׁבָ֣ה בַגּוֹיִ֔ם לֹ֥א מָצְאָ֖ה מָנ֑וֹחַ כׇּל־רֹדְפֶ֥יהָ הִשִּׂיג֖וּהָ בֵּ֥ין הַמְּצָרִֽים:

Yehuda has gone into exile Because of misery and harsh oppression; When she settled among the nations, she found no rest; All her pursuers overtook her in the narrow places.

בְּתִשְׁעָה בְּאָב גָּרְמָה לָהֶם. דָּבָר אַחֵר: **בַּלַּיְלָה.** שֶׁכָּל הַבּוֹכֶה בַּלַּיְלָה, הַשּׁוֹמֵעַ קוֹלוֹ בּוֹכֶה עִמּוֹ: **וְדִמְעָתָה עַל לֶחֱיָה.** מִתּוֹךְ שֶׁהִיא בּוֹכָה תָמִיד:

She weeps, yea, she weeps weeping twice over the two destructions. **In the night** for the Temple was burned at night, as the master said: "At eventide, they ignited the fire upon it." Another explanation: because of the night the night of the weeping of the Spies on the ninth of Av caused it to happen to them. Another explanation: in the night - for whoever weeps at night, the one who hears his voice weeps along with him. **And her tears** are on her cheek since she weeps constantly. All her friends those who love her.

³ רַשִׁ"י - **גָּלְתָה יְהוּדָה.** מֵאַרְצָהּ. **מֵעֹנִי.** מֵחֲמַת עֹנִי: **וּמֵרֹב עֲבֹדָה.** שֶׁהִכְבִּידוּ עָלֶיהָ כַשְׂדִּים: **הִיא יָשְׁבָה בַגּוֹיִם.** וּבַמָּקוֹם שֶׁגָּלְתָה וְיָשְׁבָה שָׁם, לֹא מָצְאָה מָנוֹחַ: **בֵּין הַמְּצָרִים.** שֶׁיֵּשׁ גֹּבַהּ מִכָּאן וּמִכָּאן וְאֵין מָקוֹם לָנוּס: **בַּמְּצָרִים.** גְּבוּלִים שֶׁל שָׂדֶה וָכֶרֶם. וּמִדְרַשׁ אַגָּדָה, בֵּין שִׁבְעָה עָשָׂר בְּתַמּוּז לְתִשְׁעָה בְּאָב:

Yehuda went into exile from her land. **And** great servitude with which the Chaldeans burdened her. **She** settled among the nations and in the place where she was exiled and settled, she found no rest. **Between** the boundaries where there is a high place on either side, and there is no place to flee. **The** boundaries Heb. הַמְּצָרִים, the boundaries of fields and vineyards. The Midrash Aggadah explains: between the seventeenth of Tammuz and the ninth of Av.

ד. דַּרְכֵי צִיּוֹן אֲבֵלוֹת מִבְּלִי בָּאֵי מוֹעֵד כָּל־שְׁעָרֶיהָ שׁוֹמֵמִין כֹּהֲנֶיהָ נֶאֱנָחִים בְּתוּלֹתֶיהָ נּוּגוֹת וְהִיא מַר־לָהּ:

Zion's roads are in mourning, Empty of festival pilgrims; All her gates are deserted. Her priests sigh, her maidens are unhappy She is utterly disconsolate.

ה. הָיוּ צָרֶיהָ לְרֹאשׁ אֹיְבֶיהָ שָׁלוּ כִּי־יְהֹוָה הוֹגָהּ עַל רֹב־פְּשָׁעֶיהָ עוֹלָלֶיהָ הָלְכוּ שְׁבִי לִפְנֵי־צָר:

Her enemies are now the masters, Her foes are at ease, Because the LORD has afflicted her For her many transgressions; Her infants have gone into captivity Before the enemy.

ו. וַיֵּצֵא [כתיב מן בת] קרי מִבַּת־צִיּוֹן כָּל־הֲדָרָהּ הָיוּ שָׂרֶיהָ כְּאַיָּלִים לֹא־מָצְאוּ מִרְעֶה וַיֵּלְכוּ בְלֹא־כֹחַ לִפְנֵי רוֹדֵף:

---

⁴ רש"י - בָּאֵי מוֹעֵד. עוֹלֵי רְגָלִים: נּוּגוֹת. לְשׁוֹן יָגוֹן וְאֵין שֹׁרֶשׁ בַּתֵּבָה אֶלָּא הַגִּימֶ"ל לְבַדָּהּ:
Because no one comes to the appointed season the pilgrims who went up for the festivals. **Her** maidens grieve Heb. נּוּגוֹת, an expression of grief יָגוֹן, and there is no radical but the "gimmel" alone.

⁵ רש"י - שָׁלוּ. יוֹשְׁבִים בְּשַׁלְוָה: הוֹגָהּ. הִדְאִיבָהּ, וְהוּא לְשׁוֹן יָגוֹן:
Are at ease dwell in tranquility. **Has** afflicted her caused her grief, and this is an expression of grief.

⁶ רש"י - כְּאַיָּלִים לֹא מָצְאוּ מִרְעֶה. כְּאַיָּלִים אֲשֶׁר לֹא מָצְאוּ מִרְעֶה, שֶׁאֵין לָהֶם כֹּחַ לִבְרֹחַ, שֶׁהֶחֱלַשׁ כֹּחָם בְּרָעָב:
Like harts who did not find pasture like harts who did not find pasture, who have no strength to flee, for their strength has been weakened by hunger.

⁷ רש"י - לִפְנֵי רוֹדֵף. כָּל "רֹדֵף" שֶׁבַּמִּקְרָא חָסֵר, וְזֶה מָלֵא, שֶׁנִּרְדְּפוּ רְדִיפָה שְׁלֵמָה עַל כֵּן יָסַד הַפַּיְטָן, "מָלֵא רְדִיפָתִי וְחָסְרָה שְׁנַת גְּאֻלִּי". "שְׁנַת גְּאֻלַי בָּאָה" חָסֵר כְּתִיב:

Gone from Fair Zion are all That were her glory; Her leaders were like stags That found no pasture; They could only walk feebly Before the pursuer.

ז. זָכְרָה יְרוּשָׁלַ͏ִם יְמֵי עָנְיָהּ וּמְרוּדֶיהָ כֹּל מַחֲמֻדֶיהָ אֲשֶׁר הָיוּ מִימֵי קֶדֶם בִּנְפֹל עַמָּהּ בְּיַד־צָר וְאֵין עוֹזֵר לָהּ רָאוּהָ צָרִים שָׂחֲקוּ עַל מִשְׁבַּתֶּהָ:

All the precious things she had in the days of old Jerusalem recalled In her days of woe and sorrow, When her people fell by enemy hands With none to

---

Pursuer Heb. רוֹדֵף. Every רֹדֵף in Scripture is defective רֹדֵף, but this one is full רוֹדֵף, for they were pursued with a full pursuit. Therefore, the paytan composed "I was fully pursued, but the year of my redemption is missing, גְּאֻלִי.": "The year of my redemption גְּאֻלִי has arrived" is spelled defectively.

[8] רַשִׁ"י - **זָכְרָה יְרוּשָׁלַ͏ִם**. בְּגָלוּתָהּ: **יְמֵי עָנְיָהּ**. יְמֵי חֻרְבָּנָהּ שֶׁהֱבִיאָהּ לִידֵי עֹנִי: **וּמְרוּדֶיהָ**. הִיא לְשׁוֹן צַעַר, כְּמוֹ "וָיָרַדְתִּי עַל הֶהָרִים", "אָרִיד בְּשִׂיחִי וְאָהִימָה": **כֹּל מַחֲמֻדֶיהָ**. וְזָכְרָה כָּל טוֹב מַחֲמֻדֶיהָ שֶׁמִּימֵי קֶדֶם: **שָׂחֲקוּ עַל מִשְׁבַּתֶּהָ**. שָׂמְחוּ עַל שְׁבִיתַת מְשׁוֹשָׂהּ, חַגָּהּ, חָדְשָׁהּ וְשַׁבַּתָּהּ וּמִדְרַשׁ אַגָּדָה דוֹרְשׁוֹ בְּלָשׁוֹן אַחֵר, שֶׁהָיוּ שׁוֹבְתִין בַּגּוֹלָה בְּשַׁבָּתוֹת וְיָמִים טוֹבִים וְשׁוֹמְטִים בַּשְּׁבִיעִית, וְהָיוּ הָעַכּוּ"ם מְשַׂחֲקִים עֲלֵיהֶם וְאוֹמְרִים "שׁוֹטִים, בְּאַרְצְכֶם לֹא שְׁמַטְתֶּם, וְעַכְשָׁיו בַּגּוֹלָה תִּשְׁמְטוּ. בְּאַרְצְכֶם לֹא שְׁמַרְתֶּם, וְעַכְשָׁיו בַּגּוֹלָה תִּשְׁמְרוּן":

Jerusalem recalls in her exile. **The** days of her poverty the days of her destruction, which brought her to poverty. **And** her miseries Heb. וּמְרוּדֶיהָ. This is an expression of pain, like: "and I wailed וָיָרַדְתִּי upon the mountains": "I lament אָרִיד in my speech, and I moan." **All** her precious things and she remembered all the good of her precious things that were from days of old. **Gloating** on her desolation Heb. מִשְׁבַּתֶּיהָ. They rejoiced over the cessation of her festivals, her New Moons, and her Sabbaths; and the Midrash Aggadah interprets it as a different expression, that they rested in exile on the Sabbaths and festivals and observed the seventh year, and the heathens ridiculed them and said, "Fools, in your land you did not keep the Sabbatical Year, and now in exile you keep it. In your land, you did not keep the Sabbath, and now in exile you keep it."

help her; When enemies looked on and gloated Over her downfall.

זז. חֵטְא חָטְאָה יְרוּשָׁלַ‍ִם עַל־כֵּן לְנִידָה הָיָתָה כָּל־מְכַבְּדֶיהָ הִזִּילוּהָ כִּי־רָאוּ עֶרְוָתָהּ גַּם־הִיא נֶאֶנְחָה וַתָּשָׁב אָחוֹר:

Jerusalem has greatly sinned therefore; she is become a mockery. All who admired her despise her, for they have seen her disgraced; And she can only sigh and shrink back.

ט. טֻמְאָתָהּ בְּשׁוּלֶיהָ לֹא זָכְרָה אַחֲרִיתָהּ וַתֵּרֶד פְּלָאִים אֵין מְנַחֵם לָהּ רְאֵה יְהוָה אֶת־עָנְיִי כִּי הִגְדִּיל אוֹיֵב:

---

⁹ רַשִׁ"י - **לְנִידָה**. לְגוֹלָה, לְשׁוֹן "נָע וָנָד", אישמוב"ר בְּלַעַ"ז: **עֶרְוָתָהּ**. קְלוֹנָהּ. **נֶאֶנְחָה**. לְשׁוֹן נִפְעֲלָה, שושפיר"ר בְּלַעַ"ז. "שָׁמְעוּ כִּי נֶאֶנָחָה אָנִי" הוּא שֵׁם דָּבָר, שושפורור"א בְּלַעַ"ז:

A wanderer Heb. לְנִידָה, an exile, an expression of moving and wandering נָע וָנָד, esmou vement in Old French, that which moves on. **Her** shame Heb. עֶרְוָתָה, lit. her nakedness. **She** herself sighed Heb. נֶאֶנְחָה is in the passive past tense, sospirer in Old French, to sigh, a verb. "They heard that I am sighing נֶאֶנָחָה is a noun, sospirose in Old French, one who sighs.

¹⁰ רַשִׁ"י - **טֻמְאָתָה בְּשׁוּלֶיהָ**. לְשׁוֹן גְּנַאי הוּא. דַּם נִדּוֹתָהּ נִכָּר בְּשׁוּלֵי בְגָדֶיהָ, כְּלוֹמַר, חַטֹּאתֶיהָ גְּלוּיִין. הַרְבֵּה עֲשָׂאתַן בְּגִלּוּי: **לֹא זָכְרָה אַחֲרִיתָה**. כְּשֶׁהָיוּ חוֹטְאִין, לֹא נָתְנוּ לֵב מַה תִּהְיֶה אַחֲרִיתָן, לְפִיכָךְ, "וַתֵּרֶד פְּלָאִים". יְרִידָתָהּ נִפְלָאת פְּלָאִים הַרְבֵּה, שֶׁהַכֹּל מַפְלִיאִים שֶׁאֵירַע לָהּ מַה שֶּׁלֹּא אֵירַע לְכָל עִיר:

Her uncleanliness is in her skirts This is an expression of disgrace. Her menstrual blood is visible in the skirts of her garments, i.e., her sins are conspicuous; she committed them flagrantly. **She** was not mindful of her end When they would sin, they were not mindful of what their end would be. Therefore, "she fell astonishingly." Her descent was

Her uncleanness clings to her skirts. She gave no thought to her future; She has sunk appallingly, with none to comfort her. See, O LORD, my misery; How the enemy jeers.

י. יָדוֹ¹¹ פָּרַשׂ צָר עַל כָּל־מַחֲמַדֶּיהָ כִּי־רָאֲתָה גוֹיִם בָּאוּ מִקְדָּשָׁהּ אֲשֶׁר צִוִּיתָה לֹא־יָבֹאוּ בַקָּהָל לָךְ:

The foe has laid hands on everything dear to her. She has seen her Sanctuary Invaded by nations Which You have denied admission Into Your community.

יא. כָּל־עַמָּהּ נֶאֱנָחִים מְבַקְשִׁים לֶחֶם נָתְנוּ [כתיב מזזמודיהם] קרי מַחֲמַדֵּיהֶם בְּאֹכֶל לְהָשִׁיב נָפֶשׁ רְאֵה יְהֹוָה וְהַבִּיטָה כִּי הָיִיתִי זוֹלֵלָה:

May it never befall you, all who pass along the road Look about and see: Is there any agony like mine, which was dealt out to me When the LORD afflicted me On His day of wrath.

---

astonishing, bringing about much bewilderment, for everyone was bewildered that this happened to her, something that did not happen to any other city.

רש"י ¹¹ - **יָדוֹ פָּרַשׂ צָר.** עַמּוֹן וּמוֹאָב: **עַל כָּל מַחֲמַדֶּיהָ.** סִפְרֵי תוֹרוֹת, שֶׁנֶּאֱמַר בָּהֶם "הַנֶּחֱמָדִים מִזָּהָב". הַכֹּל נִפְנוּ לָבוֹז כֶּסֶף וְזָהָב, וְהֵם נִפְנִים עַל סִפְרֵי תוֹרוֹת כְּדֵי לְשָׂרְפָם, לְפִי שֶׁכָּתוּב בָּהֶם "לֹא יָבֹא עַמּוֹנִי וְגוֹ'": אֲשֶׁר צִוִּיתָה: **לֹא יָבֹאוּ בַקָּהָל לָךְ.** אֵלּוּ עַמּוֹן וּמוֹאָב:

The adversary stretched forth his hand Ammon and Moab. **Upon** all her precious things the Siphrei Torah, which are spoken of as: "They are to he desired more than gold." All turned to plunder silver and gold, and they turned upon the Siphrei Torah in order to burn them, because it is written in them: "An Ammonite or a Moabite shall not enter, etc." **Whom** You did command not to enter into Your assembly These are Ammon and Moab.

יְבֵּ. לוֹא אֲלֵיכֶם֙ כָּל־עֹ֣בְרֵי דֶ֔רֶךְ הַבִּ֤יטוּ וּרְאוּ֙ אִם־יֵ֣שׁ מַכְאוֹב֙ כְּמַכְאֹבִ֔י אֲשֶׁ֥ר עוֹלַ֖ל לִ֑י אֲשֶׁר֙ הוֹגָ֣ה יְהֹוָ֔ה בְּי֖וֹם חֲר֥וֹן אַפּֽוֹ:

May it never befall you, all who pass along the road Look about and see: Is there any agony like mine, which was dealt out to me When the LORD afflicted me On His day of wrath.

יְגֵּ. מִמָּר֧וֹם שָֽׁלַח־אֵ֛שׁ בְּעַצְמֹתַ֖י וַיִּרְדֶּ֑נָּה פָּרַ֨שׂ רֶ֤שֶׁת לְרַגְלַי֙ הֱשִׁיבַ֣נִי אָח֔וֹר נְתָנַ֨נִי֙ שֹֽׁמֵמָ֔ה כָּל־הַיּ֖וֹם דָּוָֽה:

רַשִׁ"י - **לוֹא אֲלֵיכֶם**. לֹא תְהֵא כַצָּרָה הַזֹּאת עוֹד לְכָל עוֹבְרֵי עַל דָּת. אָמְרוּ חֲכָמִים, מִכַּאן לְקוּבְלָנָא מִן הַתּוֹרָה. רְאוּ מֶה עָשָׂה לִי. "הַבִּיטוּ וּרְאוּ וְגוֹ'": **אֲשֶׁר עוֹלַל לִי**. אֲשֶׁר נֶעֱשָׂה לִי: **אֲשֶׁר הוֹגָה ה'**. אוֹתִי בְּיוֹם חֲרוֹן אַפּוֹ. גַּם זֶה לְשׁוֹן יָגוֹן:

let it not happen to you Such a calamity should no longer happen to all those who transgress the Law. Our Sages said: It is derived from here that "kuvlana" has a basis in Scripture. See what He did to me; behold and see, etc. **Which** has been dealt to me which has been done to me. **Which** the Lord saddened on the day of His fierce anger. This is an expression denoting grief, saddening.

רַשִׁ"י - **וַיִּרְדֶּנָּה**. וַיֵּרַד אוֹתָהּ, וַיְשַׁבֵּר אוֹתָהּ עַל יְדֵי רִדּוּי וְיִסּוּרִין, לָכֵן הַנּוּ"ן דְּגוּשָׁה, לְפָתְרוֹ בִּלְשׁוֹן יְחִידִית, כְּמוֹ יַעֲשֶׂנָּה, יְכַרְסְמֶנָּה, יִרְעֶנָּה, שֶׁהֶעָצֶם לְשׁוֹן נְקֵבָה, כְּמָה דְאַתְּ אָמַר "הָעֲצָמוֹת הַיְבֵשׁוֹת". שִׁבֵּר כָּל אַחַת וְאֶחָת. דָּבָר אַחֵר: "וַיִּרְדֶּנָּה" כְּמוֹ "וַיִּרְדֵּהוּ אֶל כַּפָּיו". הֵרִיק אֶת הַמּוֹחַ, גּוֹרֵר וְרוֹדֶה הַמּוֹחַ מִתּוֹכוֹ:

And it broke them Heb. וַיִּרְדֶּנָּה, equivalent to וַיֵּרַד אוֹתָהּ, and it broke it, [referring to each of his bones] through punishment and suffering. Therefore, the "nun" is punctuated with a "dagesh," so that it is interpreted in the feminine singular, like יַעֲשֶׂנָּה, he will do it; יְכַסְמֶנָּה, he will gnaw at it; יִרְעֶנָּה, will graze upon it; for עֶצֶם, bone, is in the feminine gender, as Scripture states: הָעֲצָמוֹת הַיְבֵשׁוֹת, the dry bones." It broke each one. Another explanation: וַיִּרְדֶנָּה is like: "and he separated it וַיִּרְדֵּהוּ into his hands." It scrapes and separates the marrow from its midst.

From above He sent a fire Down into my bones. He spread a net for my feet, He hurled me backward; He has left me forlorn, In constant misery.

יד. נִשְׂקַד֩ עַל פְּשָׁעַ֨י בְּיָד֜וֹ יִשְׂתָּֽרְג֗וּ עָל֤וּ עַל־צַוָּארִ֨י הִכְשִׁ֣יל כֹּחִ֑י נְתָנַ֣נִי אֲדֹנָ֔י בִּידֵ֖י לֹא־אוּכַ֥ל קֽוּם:

The yoke of my offenses is bound fast, lashed tight by His hand; Imposed upon my neck, it saps my strength; The Lord has delivered me into the hands of those I cannot withstand.

טו. סִלָּ֨ה כָל־אַבִּירַ֤י | אֲדֹנָי֙ בְּקִרְבִּ֔י קָרָ֥א עָלַ֛י מוֹעֵ֖ד לִשְׁבֹּ֣ר בַּֽחוּרָ֑י גַּ֣ת דָּרַ֞ךְ אֲדֹנָ֗י לִבְתוּלַ֖ת בַּת־יְהוּדָֽה:

---

¹⁴ רַשִׁ"י - **נִשְׂקַד עַל פְּשָׁעַי בְּיָדוֹ.** אֵין לְתֵבָה זוֹ דִמְיוֹן בַּמִּקְרָא וּבְלָשׁוֹן אֲרַמִּי שֶׁל פְּסִיקְתָּא קוֹרִין לְדָרְבָן מַסְקָדָא, מַלְמֵד הַבָּקָר. וְאוֹמֵר אֲנִי, "נִשְׂקַד" פיינטרי"ן ט בְּלַעַ"ז. נְקֻדִים, מְנֻמָּרִים וּמְסֻמָּנִים הָיוּ פְּשָׁעַי בְּיָדוֹ שֶׁל הַקָּדוֹשׁ בָּרוּךְ הוּא לְזִכָּרוֹן. לֹא נִשְׁכַּח מִנְיָנָם וְתַשְׁלוּמֵיהֶם: **יִשְׂתָּרְגוּ.** נַעֲשׂוּ קְלִיעוֹת קְלִיעוֹת וְעָלוּ עַל צַוָּארִי, לְשׁוֹן מִשְׁנָה, אֵין מְסָרְגִין אֶת הַמִּטּוֹת:

The yoke of my transgressions was marked Heb. נִשְׂקַד. **This** word has no likeness in Scripture, and in the Aramaic language of the Pesikta, they call a goad מַסְקְדָא, an ox goad, and I say that it is equivalent to pointurez in Old French. My transgressions were dotted, spotted, and marked in the hand of the Holy One, blessed be He, for a remembrance. Their number and their recompense were not forgotten. **They** have become interwoven Heb. יִשְׂתָּרְגוּ. They became many plaits, and came up on my neck. This is the language of the Mishnah. We may not girth מְסָרְגִין the bedsteads.

¹⁵ רַשִׁ"י - **סִלָּה.** רָמַס וְרָפַס, לְשׁוֹן "סֹלוּ סֹלוּ הַמְסִלָּה": **קָרָא עָלַי מוֹעֵד.** יְעִידַת גְּיָסוֹת לָבֹא עָלַי. וְרַבּוֹתֵינוּ דָּרְשׁוּ מַה שֶּׁדָּרְשׁוּ. תַּמּוּז דְּהַהִיא שַׁתָּא מְלוּיֵי מַלְיוּהַ, שֶׁל שָׁנָה שְׁנִיָּה לְצֵאתָם מִמִּצְרַיִם. לְכָךְ, אֵירַע חַזָרָתָן שֶׁל מְרַגְּלִים לֵיל תִּשְׁעָה בְּאָב, שֶׁעָלֶיהָ הֻקְבְּעָה בְּכִיָּתָן לְדוֹרוֹת: **גַּת דָּרַךְ.** לְשׁוֹן הֲרֵגָה, כְּמוֹ "פוּרָה דָּרַכְתִּי לְבַדִּי". כַּדוֹרֵךְ עֲנָבִים לְהוֹצִיא יֵינָם, כַּךְ רָמַס הַנַּשִׁים לְהוֹצִיא דָמָם:

The Lord in my midst has rejected All my heroes; He has proclaimed a set time against me to crush my young men. As in a press the Lord has trodden Fair Maiden Yehuda.

טז. עַל־אֵלֶּה | אֲנִי בוֹכִיָּה עֵינִי | [16] עֵינִי יֹרְדָה בַּיִם כִּי־רָחַק מִמֶּנִּי מְנַחֵם מֵשִׁיב נַפְשִׁי הָיוּ בָנַי שׁוֹמֵמִים כִּי גָבַר אוֹיֵב:

For these things do I weep, my eyes flow with tears: Far from me is any comforter Who might revive my spirit; My children are forlorn, For the foe has prevailed.

יז. פֵּרְשָׂה [17] צִיּוֹן בְּיָדֶיהָ אֵין מְנַחֵם לָהּ צִוָּה יְהֹוָה לְיַעֲקֹב סְבִיבָיו צָרָיו הָיְתָה יְרוּשָׁלַם לְנִדָּה בֵּינֵיהֶם:

The Lord has trampled Heb. סָלָה. He trampled and trod, an expression of: "pave, pave the highway סֹלּוּ סֹלּוּ הַמְסִלָּה," meaning to beat down the road. **He** summoned an assembly against me Heb. מוֹעֵד, a gathering of troops to come against me. And our Sages expounded what they expounded: Tammuz of that year was a full month; [**i. e., the Tammuz**] of the second year from the Exodus from Egypt. Therefore, the return of the Spies occurred on the night of the ninth of Av, upon which their weeping was established for generations. **The** Lord has trodden as in a wine press an expression of massacre, like: "A wine press I trod alone." As one treads grapes to extract their wine, so did He trample the women to extract their blood.

[16] רש"י - **עֵינִי עֵינִי.** כְּלוֹמַר, תָּמִיד עֵינִי יוֹרְדָה מַיִם. כֶּפֶל הַלָּשׁוֹן מְלַמֵּד שֶׁאֵין הַפּוּגוֹת:
My eye, yea, my eye i.e., my eye constantly sheds tears. The double expression indicates that there was no letup.

[17] רש"י - **פֵּרְשָׂה צִיּוֹן בְּיָדֶיהָ.** כְּמוֹ "וּפֵרַשׂ יָדָיו בְּקִרְבּוֹ", כְּאָדָם הַמּוֹלִיךְ יָדָיו, מוֹלִיכָם וּמְבִיאָם וּמִצְטַעֵר בָּהֶם. דָּבָר אַחֵר: "פֵּרְשָׂה צִיּוֹן" לְשׁוֹן שְׁבִירָה, כְּמוֹ "פּוֹרֵשׂ אֵין לָהֶם", "וְלֹא יִפְרְסוּ לָהֶם עַל אֵבֶל, לְנַחֲמוֹ עַל מֵת": כַּךְ חִבְּרוּ מְנַחֵם. וּבִלְשׁוֹן מִשְׁנָה, "פְּרוּסָה קַיֶּמֶת". וּמַשְׁמָעוֹ, כְּאָדָם הַמִּצְטַעֵר שֶׁחוֹבֵק אֶת יָדָיו וּמְשַׁבְּרָם. תּוֹסֶפֶת מָצָאתִי: צִוָּה ה'

Zion spreads out her hands, she has no one to comfort her; The LORD has summoned against Jacob His enemies all about him; Jerusalem has become among them A thing unclean.

יז ‪.‬ צַדִּיק הוּא יְהֹוָה כִּי פִיהוּ מָרִיתִי שִׁמְעוּ־נָא כָל [כתיב עמים] קרי הָעַמִּים וּרְאוּ מַכְאֹבִי בְּתוּלֹתַי וּבַחוּרַי הָלְכוּ בַשֶּׁבִי:

The LORD is in the right, For I have disobeyed Him. Hear, all you peoples, and behold my agony: My maidens and my youths Have gone into captivity.

לְיַעֲקֹב: **סְבִיבָיו צָרָיו.** צִנָּה עַל יַעֲקֹב שֶׁיִּהְיוּ צָרָיו סְבִיבָיו. אַף כְּשֶׁגָּלוּ לְבָבֶל וּלְאַשּׁוּר, הִגְלָה סַנְחֵרִיב אֶת אוֹיְבֵיהֶם, עַמּוֹן וּמוֹאָב, וְהוֹשִׁיבָם אֶצְלֵיהֶם, וְהֵם מְקַנְתְּרִים אוֹתָם, כְּמוֹ שֶׁאָמְרוּ בְּמַסֶּכֶת קִדּוּשִׁין: הוּמַנְיָא אִיכָּא בְּבָבֶל, כֻּלָּהּ דְּעַמּוֹנָאֵי: **לְנִדָּה.** לְרָחוֹק, לָבוּז:

Zion spreads out her hands Heb. פֵּרְשָׂה. Like: "And he shall spread out וּפֵרַשׂ his hands in his midst," like a person who moves his hands to and for and demonstrates his pain with them. Another explanation is: Zion broke, an expression of breaking, like: "no one breaks it for them": "and they shall not break bread יִפְרְסוּ for them in mourning," to console him for his dead kinsman. So did Menachem classify it. And in the language of the Mishnah, the broken piece of bread פְּרוּסָה is intact. And it means that Zion was in pain like a person who clasps his hands and breaks them. I found an addendum. **The** Lord has commanded concerning Jacob that his adversaries shall be round about him He commanded concerning Jacob that his adversaries would surround him. Even when they were exiled to Babylon and to Assyria, Sennacherib exiled their enemies, Ammon and Moab, and settled them beside them, and they taunted them, as is stated in Tractate Kiddushin: Humania was in Babylon, entirely occupied by Ammonites. **An** outcast Heb. לְנִדָּה, for an outcast and a disgrace.

יט. קָרָאתִי¹⁸ לַמְאַהֲבַי הֵמָּה רִמּוּנִי כֹּהֲנַי וּזְקֵנַי בָּעִיר גָּוָעוּ כִּי־בִקְשׁוּ אֹכֶל לָמוֹ וְיָשִׁיבוּ אֶת־נַפְשָׁם:

I cried out to my friends, but they played me false. My priests and my elders Have perished in the city as they searched for food To keep themselves alive.

כ. רְאֵה יְהֹוָה כִּי־צַר־לִי מֵעַי חֳמַרְמָרוּ¹⁹ נֶהְפַּךְ לִבִּי בְּקִרְבִּי כִּי מָרוֹ מָרִיתִי מִחוּץ שִׁכְּלָה־חֶרֶב בַּבַּיִת כַּמָּוֶת:

---

¹⁸ רש"י - **קָרָאתִי לַמְאַהֲבַי**. לְאוֹתָם שֶׁמַּרְאִים עַצְמָם כְּאוֹהֲבִים: **הֵמָּה רִמּוּנִי**. כְּגוֹן בְּנֵי יִשְׁמָעֵאל שֶׁהָיוּ יוֹצְאִים לִקְרַאת הַגוֹלִים כְּשֶׁהָיוּ הַשַּׁבָּאִים מוֹלִיכִים אוֹתָם דֶּרֶךְ עֲלֵיהֶם וּמַרְאִים אֶת עַצְמָם כְּאִלּוּ מְרַחֲמִים עֲלֵיהֶם, וְהָיוּ מוֹצִיאִים לָהֶם מִינֵי מְלוּחִים וְנוֹדוֹת נְפוּחִים כִּסְבוּרִים שֶׁהוּא יַיִן, וְאוֹכְלִים וּצְמֵאִים וְרוֹצִים לִשְׁתּוֹת, וּכְשֶׁמַּתִּיר הַנּוֹד בְּשִׁנָּיו, הָיְתָה הָרוּחַ נִכְנֶסֶת בְּמֵעָיו וְהוּא מֵת. וְהוּא שֶׁאָמַר הַכָּתוּב "בַּיַּעַר בַּעֲרָב תָּלִינוּ וְגוֹ'", "לִקְרַאת צָמֵא הֵתָיוּ מָיִם יֹשְׁבֵי אֶרֶץ תֵּימָא בְּלַחְמוֹ קִדְּמוּ נֹדֵד": **וְיָשִׁיבוּ אֶת נַפְשָׁם**. כְּדֵי שֶׁיָּשִׁיבוּ אֶת נַפְשָׁם:

I called to my lovers Heb. לַמְאַהֲבַי, to those who make themselves appear as lovers. **But** they deceived me e.g., the children of Ishmael, who went forth toward the exiles when the captors were leading them on the road nearby, as if they were compassionate toward them. And they brought them various kinds of salty foods and inflated skin flasks. They the Jews thought that these were [flasks of] wine, so they ate and became thirsty and wished to drink, and when they untied the flask with their teeth, the air entered their intestines and they died. This is what Scripture says: "In the forest in Arabia you shall lodge, etc. Bring water toward the thirsty, the inhabitants of the land of Tema came before the wanderer with bread." **To** revive their souls so that they should revive their souls.

¹⁹ רש"י - **חֳמַרְמָרוּ**. כֻּוְצוּ, וְיֵשׁ כָּזֶה בִּלְשׁוֹן מִשְׁנָה: נָפְלָה לָאוּר, וְנֶחְמְרוּ בְּנֵי מֵעֶיהָ: **בַּבַּיִת כַּמָּוֶת**. בְּתוֹךְ הַבַּיִת הָיְתָה אֵימַת שֵׁדִים וּמַזִּיקִים וּמַלְאֲכֵי מָוֶת, וּמִחוּץ חֶרֶב הָאוֹיֵב מְשַׁכָּלֶת:

burn Heb. חֳמַרְמָרוּ, they became shriveled, and there is an expression like this in the language of the Mishnah: "It fell into the fire and its intestines were scorched וְנֶחְמְרוּ." **In** the house it is like death Within the house was fear of demons and destructive beings and angels of death, and from without, the enemy's sword was bereaving them.

See, O LORD, the distress I am in. My heart is in anguish, I know how wrong I was to disobey. Outside the sword deals death; Indoors, the plague.

כא. שִׁמְעוּ כִּי נֶאֱנָחָה אָנִי אֵין מְנַחֵם לִי כָּל־אֹיְבַי שָׁמְעוּ רָעָתִי שָׂשׂוּ כִּי אַתָּה עָשִׂיתָ הֵבֵאתָ יוֹם־קָרָאתָ וְיִהְיוּ כָמֹנִי:

When they heard how I was sighing, there was none to comfort me; All my foes heard of my plight and exulted. For it is Your doing: You have brought on the day that You threatened. Oh, let them become like me.

כב. תָּבֹא כָל־רָעָתָם לְפָנֶיךָ וְעוֹלֵל לָמוֹ כַּאֲשֶׁר עוֹלַלְתָּ לִי עַל כָּל־פְּשָׁעָי כִּי־רַבּוֹת אַנְחֹתַי וְלִבִּי דַוָּי:

Let all their wrongdoing come before You, and deal with them As You have dealt with me for all my

---

רַשִׁ"י - **כִּי אַתָּה עָשִׂיתָ.** אַתָּה גָרַמְתָּ לִי שֶׁהֵם שׂוֹנְאִים אוֹתִי, שֶׁהִבְדַּלְתַּנִי מִמַּאֲכָלָם וּמִמִּשְׁתֵּיהֶם וּמֵהִתְחַתֵּן בָּם. אִם נִתְחַתַּנְתִּי בָּהֶם, הָיוּ מְרַחֲמִים עָלַי וְעַל בְּנֵי בְנוֹתֵיהֶם: **הֵבֵאתָ יוֹם קָרָאתָ.** הַלְוַאי וְהֵבֵאתָ עֲלֵיהֶם יוֹם הַמּוֹעֵד שֶׁקָּרָאתָ עָלַי: **וְיִהְיוּ כָמֹנִי.** בְּרָעָה:

That You have done it You caused them to hate me when You separated me from their food and from their drink and from intermarrying with them. Had I intermarried with them, they would have had compassion upon me and upon their daughters' sons. **You** had brought the day that You proclaimed If only You had brought upon them the appointed day that You proclaimed upon me. **And** let them be like me in distress.

רַשִׁ"י - **תָּבֹא כָל רָעָתָם לְפָנֶיךָ.** יִזָּכְרוּ וְיִפָּקְדוּ עֲוֹנוֹתָם לְפָנֶיךָ: **וְעוֹלֵל לָמוֹ.** וּפְעוֹל לָמוֹ, כְּמוֹ "גַּם בְּמַעֲלָלָיו יִתְנַכֶּר", "וְכִפְרִי מַעֲלָלָיו":

May all their wickedness come before You May all their iniquities be remembered and counted before You. **And** deal with them Heb. וְעוֹלֵל, and do, like: "Also a child can disguise himself with his deeds בְּמַעֲלָלָיו": "and in accordance with the fruit of his deeds מַעֲלָלָיו."

transgressions. For my sighs are many, and my heart is sick.

פרק ב Chapter 2

א. אֵיכָה֩ יָעִ֨יב בְּאַפּ֤וֹ ׀ אֲדֹנָי֙ אֶת־בַּת־צִיּ֔וֹן הִשְׁלִ֤יךְ מִשָּׁמַ֙יִם֙ אֶ֔רֶץ תִּפְאֶ֖רֶת יִשְׂרָאֵ֑ל וְלֹא־זָכַ֥ר הֲדֹם־רַגְלָ֖יו בְּי֥וֹם אַפּֽוֹ:

Alas, The Lord in His wrath Has shamed Fair Zion, has cast down from heaven to earth the majesty of Israel. He did not remember His Footstool on His day of wrath.

ב. בִּלַּ֨ע אֲדֹנָ֜י [כתיב לֹא] לֹ֗א [קרי] וְלֹ֤א חָמַל֙ אֵ֣ת כָּל־נְא֣וֹת יַעֲקֹ֔ב הָרַ֧ס בְּעֶבְרָת֛וֹ מִבְצְרֵ֥י בַת־יְהוּדָ֖ה הִגִּ֣יעַ לָאָ֑רֶץ חִלֵּ֥ל מַמְלָכָ֖ה וְשָׂרֶֽיהָ:

---

¹ רַשִׁ"י - **אֵיכָה יָעִיב**. יַאֲפִיל, כְּמָה דְאַתְּ אָמַר "וְהַשָּׁמַיִם הִתְקַדְּרוּ עָבִים": **מִשָּׁמַיִם אֶרֶץ**. לְאַחַר שֶׁהִגְבִּיהָם עַד לַשָּׁמַיִם, הִשְׁלִיכָם לָאָרֶץ בְּבַת אַחַת וְלֹא מְעַט מְעַט; מֵאִיגְּרָא רָמָא לְבֵירָא עֲמִיקְתָּא: **הֲדֹם רַגְלָיו**. שְׁרַפְרַף מַרְגְּלוֹתָיו, וְזֶה בֵּית הַמִּקְדָּשׁ:

brought darkness Heb. יָעִיב, brought darkness, as Scripture states: "the heavens grew dark with clouds בְּעָבִים." **From** heaven to earth After He lifted them up to heaven, He cast them to earth all at once, and not little by little, as from a lofty roof to a deep pit. **His** footstool that is the Temple.

² רַשִׁ"י - **נְאוֹת יַעֲקֹב**. בָּתֵּי יַעֲקֹב, לְשׁוֹן נָוֶה: **הִגִּיעַ לָאָרֶץ**. הִשְׁפִּילָם לָאָרֶץ: **חִלֵּל מַמְלָכָה וְשָׂרֶיהָ**. אֵלּוּ יִשְׂרָאֵל שֶׁהָיוּ קְרוּיִם "מַמְלֶכֶת כֹּהֲנִים": **וְשָׂרֶיהָ**. מִדְרַשׁ אַגָּדָה יֵשׁ: אֵלּוּ שָׂרִים שֶׁל מַעְלָה שֶׁהֶחֱלִיפָם. הַמְמֻנֶּה עַל הָאוּר מָנָה עַל הַמַּיִם, וְהֶחֱלִיף כָּל הַמְמֻנִּים, לְפִי שֶׁהָיוּ בְרִשְׁעֵי יִשְׂרָאֵל בַּעֲלֵי שֵׁם הַמְפֹרָשׁ וּבוֹטְחִים הֵם שֶׁיַּשְׁבִּיעוּ אֶת שָׂרֵי מַעְלָה לְהַצִּילָם מֵאֵשׁ וּמִמַּיִם וּמֵחֶרֶב, וְעַכְשָׁיו, כְּשֶׁהָיָה מַשְׁבִּיעַ אֶת שַׂר הָאֵשׁ בִּשְׁמוֹ, וְהוּא מֵשִׁיב: "אֵין מֶמְשָׁלָה זוֹ בְיָדִי". וְכֵן כֻּלָּם:

The habitations of Jacob Heb. נְאוֹת, the houses of Jacob, an expression of נָוֶה, a dwelling. **He** has struck them to the ground He humbled them to the ground. **He** has profaned the kingdom and its princes These are the Israelites, who were called: "a kingdom of priests." **And** its princes There is a Midrash Aggadah that states that these are the heavenly princes whose assignments, he changed. The one appointed over fire

The Lord has laid waste without pity All the habitations of Jacob; He has razed in His anger Fair Yehuda strongholds. He has brought low in dishonor The kingdom and its leaders.

ג. גָּדַע בָּחֳרִי־אַף כֹּל קֶרֶן יִשְׂרָאֵל הֵשִׁיב אָחוֹר יְמִינוֹ מִפְּנֵי אוֹיֵב וַיִּבְעַר בְּיַעֲקֹב כְּאֵשׁ לֶהָבָה אָכְלָה סָבִיב:

In blazing anger, He has cut down All the might of Israel; He has withdrawn His right hand in the presence of the foe; He has ravaged Jacob like flaming fire, Consuming on all sides.

ד. דָּרַךְ קַשְׁתּוֹ כְּאוֹיֵב נִצָּב יְמִינוֹ כְּצָר וַיַּהֲרֹג כֹּל מַחֲמַדֵּי־עָיִן בְּאֹהֶל בַּת־צִיּוֹן שָׁפַךְ כָּאֵשׁ חֲמָתוֹ:

He appointed over water, and He changed all the appointees because there were among the wicked of Israel those who knew the Ineffable Name, and they relied upon the fact that they could adjure the heavenly princes to save them from fire, from water and from the sword. Now, when he would adjure the prince of fire by his name, he would reply, "This dominion is not in my hands," and similarly, all of them.

³ רַשִׁ"י - **הֵשִׁיב אָחוֹר יְמִינוֹ.** הֵשִׁיב עַצְמוֹ כְּמֵשִׁיב אָחוֹר יְמִינוֹ מִלְּהִלָּחֵם בְּעַד בָּנָיו:
He has withdrawn His right hand He withdrew Himself as though withdrawing His right hand from waging war on behalf of His children.

⁴ רַשִׁ"י - **דָּרַךְ קַשְׁתּוֹ.** לְפִי שֶׁכָּךְ דֶּרֶךְ דּוֹרְכֵי קֶשֶׁת שֶׁהֵם חֲזָקִים, לָשׂוּם רַגְלוֹ עֲלֵיהֶם כְּשֶׁהוּא כוֹפְפָם, לְכָךְ נִכְתַּב בִּלְשׁוֹן דְּרִיכָה: **שָׁפַךְ כָּאֵשׁ חֲמָתוֹ.** כָּךְ חִבּוּר הַמִּלּוֹת, שָׁפַךְ חֲמָתוֹ שֶׁהִיא כָּאֵשׁ. כִּי לֹא מָצִינוּ שְׁפִיכָה שֶׁל אֵשׁ אֶלָּא אֵצֶל חֵמָה, כְּדִכְתִיב "שָׁפֹךְ חֲמָתְךָ אֶל הַגּוֹיִם:
He has bent His bow Heb. דרך lit. trod. Since this is the procedure of those who bend the bow, who are strong, to place their foot upon them when he bends them; it is therefore worded as an expression of treading. **He** has poured out His fury like fire The arrangement of the words is as follows: He poured out His anger, which is like fire, for we

He bent His bow like an enemy, Poised His right hand like a foe; He slew all who delighted the eye. He poured out His wrath like fire In the Tent of Fair Zion.

ה. הָיָה אֲדֹנָי ׀ כְּאוֹיֵב בִּלַּע יִשְׂרָאֵל בִּלַּע כָּל־אַרְמְנוֹתֶיהָ שִׁחֵת מִבְצָרָיו וַיֶּרֶב בְּבַת־יְהוּדָה תַּאֲנִיָּה וַאֲנִיָּה:

The Lord has acted like a foe, He has laid waste Israel, Laid waste all her citadels, Destroyed her strongholds. He has increased within Fair Yehuda Mourning and moaning.

---

do not find pouring of fire, except in conjunction with anger, as it is written: "Pour out Your wrath upon the nations."

⁵ רַשִׁ"י - **וַיֶּרֶב.** נָקוֹד יוֹ"ד פַּתָּ"ח קָטָן שֶׁהוּא לְשׁוֹן הַרְבָּה אֶת אֲחֵרִים. "וַיִּרֶב הָעָם וַיַּעַצְמוּ מְאֹד" נָקוֹד חִיר"ק שֶׁהוּא לְשׁוֹן רָבָה הוּא אֶת עַצְמוֹ. וְכֵן כָּל תֵּיבָה שֶׁפָּעַל שֶׁלָּהּ בָּה"א, כְּגוֹן, פָּנָה, זָנָה, בָּכָה, כֵּן דַּרְכָּה לְשַׁמֵּשׁ כְּשֶׁהוּא מְחַסֵּר מִמֶּנָּה ה"א, כְּשֶׁהוּא מְדַבֵּר עַל עַצְמוֹ נָקוֹד חִיר"ק, כְּגוֹן, "וַיִּפֶן פַּרְעֹה". וּכְשֶׁהוּא מְדַבֵּר עַל אֲחֵרִים, נָקוֹד פַּתָּ"ח קָטָן, כְּגוֹן, "וַיֶּפֶן זָנָב אֶל זָנָב", "וַיִּגֶל יְהוּדָה מֵעַל אַדְמָתוֹ", "וַיִּגֶל מֶלֶךְ בָּבֶל אֶת יִשְׂרָאֵל אַשּׁוּרָה: **וַיֶּרֶב בְּבַת יְהוּדָה.** הִרְבָּה בִּכְנֶסֶת יְהוּדָה: **תַּאֲנִיָּה וַאֲנִיָּה.** צַעַר וִילָלָה:

And he increased in the daughter of Yehuda He increased in the congregation of Yehuda. Pain and wailing Heb. תַּאֲנִיָּה וַאֲנִיָּה, pain and wailing. **And** He increased Heb. וַיֶּרֶב. The "yud" is vowelized with a small "pattah" [seggol], which is an expression of increasing others: "and the people multiplied וַיִּרֶב and became very strong," is vowelized with a "hirik", which is an expression meaning that he himself increased, and so every word whose radical ends with a "hey," e.g. פנה, to turn, זנה to go astray, בכה, to weep, are vowelized in that manner when the "hey" is missing, when it speaks of itself [i.e., the simple קל conjugation, not the causative], e.g. "And Pharaoh turned וַיִּפֶן." But when he speaks of others [i.e, the causative conjugation הפעיל], it is vowelized with a small "pattah" [seggol], e.g. "and he turned וַיֶּפֶן tail to tail": "And Yehuda went into exile וַיִּגֶל from his land": "and the king of Babylon sic exiled וַיֶּגֶל Israel to Assyria."

ו. וַיַּחְמֹס ֿ כַּגַּן שֻׂכּוֹ שִׁחֵת מוֹעֲדוֹ שִׁכַּח יְהֹוָה | בְּצִיּוֹן מוֹעֵד וְשַׁבָּת וַיִּנְאַץ בְּזַעַם־אַפּוֹ מֶלֶךְ וְכֹהֵן:

He has stripped His Booth like a garden, He has destroyed His Tabernacle; The LORD has ended in Zion Festival and sabbath; In His raging anger He has spurned King and priest.

ז. זָנַח אֲדֹנָי | מִזְבְּחוֹ נִאֵר ֿ מִקְדָּשׁוֹ הִסְגִּיר בְּיַד־אוֹיֵב חוֹמֹת אַרְמְנוֹתֶיהָ קוֹל נָתְנוּ בְּבֵית־יְהֹוָה כְּיוֹם מוֹעֵד:

The LORD resolved to destroy the wall of Fair Zion; He measured with a line, refrained not from bringing destruction. He has made wall and rampart to mourn. Together they languish.

---

⁶ רש"י - וַיַּחְמֹס. לְשׁוֹן כְּרִיתָה, וְכֵן: "יַחְמֹס כַּגֶּפֶן", נֶחְמְסוּ עֲקֵבָיִךְ: כַּגַּן. כְּמוֹ שֶׁגּוֹזְזִין יַרְקוֹת הַגִּנָּה: שֻׂכּוֹ. מְעוֹנָתוֹ. "שֻׂכּוֹ" כְּתִיב, שֶׁשִּׁכֵּךְ חֲמָתוֹ עַל בָּנָיו בְּחָרְבַּן בֵּיתוֹ. כַּךְ נִדְרָשׁ בְּמִדְרָשׁ קִינוֹת: שִׁחֵת מוֹעֲדוֹ. בֵּית קָדְשֵׁי הַקֳּדָשִׁים, שֶׁשָּׁם הָיָה נוֹעָד לְבָנָיו, שֶׁנֶּאֱמַר "וְנוֹעַדְתִּי לְךָ שָׁם": מֶלֶךְ וְכֹהֵן. צִדְקִיָּהוּ הַמֶּלֶךְ וּשְׂרָיָהוּ כֹּהֵן גָּדוֹל:

He stripped Heb. וַיַּחְמֹס, an expression of cutting, and so: "He will cast off יַחְמֹס like a vine": "your steps were cut off נֶחְמְסוּ." **Like** a garden as they cut off the vegetables of a garden. **His** Tabernacle Heb. שֻׂכּוֹ, His habitation. It is written שֻׂכּוֹ [with a "sin" rather than with a "sammech", intimating] that He assuaged שִׁכֵּךְ His anger against His children with the destruction of His House. Thus, it is interpreted in the Midrash of Lamentations. **And** laid in ruins His Meeting Place the Holy of Holies, where He would meet with His children, as it is said: "And I will meet וְנוֹעַדְתִּי you there." **King** and priest King Zedekiah and Seraiah the High Priest.

---

⁷ רש"י - נִאֵר. בִּטֵּל. וְכֵן "נֵאַרְתָּה בְּרִית עַבְדֶּךָ": כְּיוֹם מוֹעֵד. שֶׁהָיוּ שְׂמֵחִים וּמְשׁוֹרְרִים בְּתוֹכוֹ בְּקוֹל רָם, כֵּן נָתְנוּ הָאוֹיְבִים בְּחָרְבָּנוּ קוֹל שִׂמְחָה:

He has abolished Heb. נִאֵר, and so: "You abrogated נֵאַרְתָּה the covenant of Your servant." **As** on a day of a festival for they were making merry and singing in its midst with a loud voice. So did the enemies let out a cry of joy when it was destroyed.

יז. חָשַׁב יְהֹוָה ׀ לְהַשְׁחִית חוֹמַת בַּת־צִיּוֹן נָטָה קָו לֹא־הֵשִׁיב יָדוֹ מִבַּלֵּעַ וַיַּאֲבֶל־חֵל וְחוֹמָה יַחְדָּו אֻמְלָלוּ:

The LORD resolved to destroy the wall of Fair Zion; He measured with a line, refrained not from bringing destruction. He has made wall and rampart to mourn, together they languish.

ט. טָבְעוּ בָאָרֶץ שְׁעָרֶיהָ אִבַּד וְשִׁבַּר בְּרִיחֶיהָ מַלְכָּהּ וְשָׂרֶיהָ בַגּוֹיִם אֵין תּוֹרָה גַּם־נְבִיאֶיהָ לֹא־מָצְאוּ חָזוֹן מֵיְהֹוָה:

Her gates have sunk into the ground, He has smashed her bars to bits; Her king and her leaders are in exile, Instruction is no more; Her prophets, too, receive No vision from the LORD.

---

[8] רַשִׁ"י - **חָשַׁב ה' לְהַשְׁחִית**. זֶה יָמִים רַבִּים שֶׁעָלְתָה עַל דַּעְתּוֹ כַּךְ, שֶׁנֶּאֱמַר "כִּי עַל אַפִּי וְעַל חֲמָתִי הָיְתָה לִּי הָעִיר הַזֹּאת לְהָסִירָהּ מֵעַל פָּנַי": **נָטָה קָו** שֶׁל מִשְׁפָּט לִפָּרַע עַל עֲוֹנֵינוּ: **מִבַּלֵּעַ**. מֵהַשְׁחִית: **חֵל וְחוֹמָה**. שׁוּרָא וּבַר שׁוּרָא, חוֹמָה נְמוּכָה שֶׁכְּנֶגֶד חוֹמָה גְּבוֹהָה:

The Lord determined to destroy It is already many days since this entered His mind, as it is written: "For this city has aroused My anger and My wrath until this day, to remove it from before My face." **He** stretched out a line of judgment to be punished for our iniquities. **Rampart** and wall a large wall and a small wall, a low wall opposite a high wall.

[9] רַשִׁ"י - **טָבְעוּ בָאָרֶץ שְׁעָרֶיהָ**. מִדְרַשׁ אַגָּדָה: לְפִי שֶׁחָלְקוּ כָּבוֹד לָאָרוֹן, שֶׁנֶּאֱמַר "שְׂאוּ שְׁעָרִים רָאשֵׁיכֶם". לְפִיכָךְ לֹא שָׁלְטָה בָּהֶם בְּרִיָּה וְטָבְעוּ בָאָרֶץ. וְרַבּוֹתֵינוּ אָמְרוּ, מַעֲשֵׂי יְדֵי דָוִד הָיוּ, לְפִיכָךְ לֹא שָׁלְטוּ בָּהֶם אוֹיְבִים: **אֵין תּוֹרָה**. אֵין בָּהֶם מוֹרֶה הוֹרָאָה:

Her gates are sunk into the ground The Midrash Aggadah states: Because they imparted honor to the Ark, as it is said: "Your gates, lift up your heads." Therefore, no one had any power over them, and they sank into the ground. Our Sages said that they were David's handiwork; therefore, the enemies did not have any power over them. **There** is no more teaching There is no one among them who gives instruction.

ל. יֵשְׁבוּ¹⁰ לָאָרֶץ יִדְּמוּ זִקְנֵי בַת־צִיּוֹן הֶעֱלוּ עָפָר עַל־רֹאשָׁם חָגְרוּ שַׂקִּים הוֹרִידוּ לָאָרֶץ רֹאשָׁן בְּתוּלֹת יְרוּשָׁלָ͏ִם:

Silent sit on the ground the elders of Fair Zion; They have strewn dust on their heads and girded themselves with sackcloth; The maidens of Jerusalem have bowed Their heads to the ground.

יא. כָּלוּ בַדְּמָעוֹת עֵינַי חֳמַרְמְרוּ¹¹ מֵעַי נִשְׁפַּךְ לָאָרֶץ

---

¹⁰ רַשִׁ"י - יֵשְׁבוּ לָאָרֶץ וְגוֹ'. כְּמַשְׁמָעוֹ, וּמִדְרַשׁ אַגָּדָה: נְבוּכַדְנֶצַּר הוֹשִׁיבָם לָאָרֶץ. כְּשֶׁמָּרַד בּוֹ צִדְקִיָּהוּ וְעָבַר עַל שְׁבוּעָתוֹ, בָּא וְיָשַׁב לוֹ בְּדָפְנָה שֶׁל אַנְטוּכְיָא וְשָׁלַח בִּשְׁבִיל סַנְהֶדְרִין, וּבָאוּ לִקְרָאתוֹ, וְרָאָה אוֹתָם אֲנָשִׁים שֶׁל צוּרָה, וְהוֹשִׁיב אוֹתָם בְּקַתֶּדְרָאוֹת שֶׁל זָהָב. אָמַר לָהֶם: "סַדְּרוּ לִי תּוֹרַתְכֶם פָּרָשָׁה וּפָרָשָׁה וְתַרְגְּמוּהָ לִי". כֵּיוָן שֶׁהִגִּיעוּ לְפָרָשַׁת נְדָרִים, אָמַר לָהֶם, "אִם הוּא רוֹצֶה לַחֲזוֹר, יָכוֹל הוּא לַחֲזוֹר." אָמְרוּ לוֹ, "יֵלֵךְ אֵצֶל חָכָם וְיַתִּיר לוֹ". אָמַר לָהֶם, "אִם כֵּן, אַתֶּם הִתַּרְתֶּם לְצִדְקִיָּהוּ אֶת שְׁבוּעָתוֹ". צִוָּה וּשְׁמָטוּם וְהוֹשִׁיבָם לָאָרֶץ, וְקָשְׁרוּ שַׂעֲרוֹת רֹאשָׁם בְּזַנְבוֹת הַסּוּסִים וּגְרָרוּם:

Sit on the ground, etc. This is to be understood according to its apparent meaning. But the Midrash Aggadah states: Nebuchadnezzar caused them to sit on the ground when Zedekiah rebelled against him and transgressed his oath. He came and stationed himself in Daphne of Antioch, and sent for the Sanhedrin, and they came toward him. He recognized that they were men of imposing appearance and sat them down in golden chairs. He said to them, "Recite your Torah for me chapter by chapter and translate it for me." As soon as they reached the chapter dealing with vows, he said to them, "What if he wishes to retract, can he retract," They said to him, "Let him go to a sage, and he will absolve him of it." He said to them, "If so, you absolved Zedekiah of his oath." He gave the order, and they pushed them off their seats and sat them on the ground. They then tied the hair of their heads to the tails of horses and dragged them.

¹¹ רַשִׁ"י - חֳמַרְמְרוּ. רְגִיזְלִיר"ט בְּלַעַ"ז דֶּרֶךְ בְּנֵי מֵעַיִם, כְּשֶׁמַּשְׁלִיכָם אָדָם לָאוּר, הֵם כּוֹוְצִים וּמִתְחַמַּרְמָרִים: בְּעָטֶף. פשמי"ר:

My innards burn Heb. חֳמַרְמְרוּ, regrizi lerent in Old French, have shriveled up. It is usual that when a person casts intestines into the fire,

כְּבֵדִי עַל־שֶׁבֶר בַּת־עַמִּי בֵּעָטֹף עוֹלֵל וְיוֹנֵק בִּרְזֹבוֹת קִרְיָה:

My eyes are spent with tears, my heart is in tumult, my being melts away Over the ruin of my poor people, as babes and sucklings languish in the squares of the city.

יב. לְאִמֹּתָם יֹאמְרוּ אַיֵּה דָּגָן וָיֵין בְּהִתְעַטְּפָם כֶּחָלָל בִּרְזֹבוֹת עִיר בְּהִשְׁתַּפֵּךְ נַפְשָׁם אֶל־חֵיק אִמֹּתָם:

They keep asking their mothers, where is bread and wine, as they languish like battle-wounded in the squares of the town, as their life runs out in their mothers' bosoms.

יג. מָה־אֲעִידֵךְ¹² מָה אֲדַמֶּה־לָּךְ הַבַּת יְרוּשָׁלַם מָה אַשְׁוֶה־לָּךְ וַאֲנַחֲמֵךְ בְּתוּלַת בַּת־צִיּוֹן כִּי־גָדוֹל כַּיָּם שִׁבְרֵךְ מִי יִרְפָּא־לָךְ:

What can I take as witness or liken to you, O Fair Jerusalem, What can I match with you to console you, O Fair Maiden Zion, for your ruin is vast as the sea: Who can heal you.

---

they shrivel up and burn. **Faint** Heb. בֵּעָטֹף, pasmer in Old French, to faint, swoon.

¹² רש"י - **מָה אֲעִידֵךְ מָה אֲדַמֶּה לָּךְ**. לוֹמַר לָךְ: "מַה תִּתְמְהִי עַל שִׁבְרֵךְ, הֲלֹא אַף לְאֻמָּה פְלוֹנִית אֵרַע כְּמוֹתֵךְ": **מָה אַשְׁוֶה לָּךְ וַאֲנַחֲמֵךְ**. כְּשֶׁבָּאָה צָרָה עַל אָדָם, אוֹמְרִים לוֹ: "אַף לִפְלוֹנִי עָלְתָה כָּךְ". תַּנְחוּמִים הֵם לוֹ:

What shall I testify for you, what shall I compare to you to say to you, "Why do you wonder about your destruction, Didn't that also happen to such and such a nation, just like you" **What** can I liken to you, that I may comfort you When trouble befalls a person, others say to him, "This also happened to so-and-so." These are consolations for him.

יד. נְבִיאַ� זָ֖זוּ לָ֛ךְ שָׁ֣וְא [13] וְתָפֵ֑ל וְלֹא־גִלּ֤וּ עַל־עֲוֺנֵךְ֙ לְהָשִׁ֣יב [כתיב שביתך] קרי שְׁבוּתֵ֔ךְ וַיֶּחֱזוּ לָ֔ךְ מַשְׂא֥וֹת שָׁ֖וְא וּמַדּוּחִֽים׃

Your seers prophesied to you Delusion and folly. They did not expose your iniquity So as to restore your fortunes, but prophesied to your oracles of delusion and deception.

טו. סָפְק֨וּ עָלַ֤יִךְ כַּפַּ֙יִם֙ כׇּל־עֹ֣בְרֵי דֶ֔רֶךְ שָׁרְקוּ֙ [14] וַיָּנִ֣עוּ רֹאשָׁ֔ם עַל־בַּ֖ת יְרוּשָׁלָ֑͏ִם הֲזֹ֣את הָעִ֗יר שֶׁיֹּֽאמְרוּ֙ כְּלִ֣ילַת יֹ֔פִי מָשׂ֖וֹשׂ לְכׇל־הָאָֽרֶץ׃

All who pass your way Clap their hands at you; They hiss and wag their head At Fair Jerusalem: Is this the city that was called Perfect in Beauty, Joy of All the Earth.

---

[13] רש"י - **שָׁוְא וְתָפֵל.** דְּבָרִים שֶׁאֵין בָּהֶם טַעַם. וּבְלָשׁוֹן לַעַ"ז אפלשטרימנ"ט: **וְלֹא גִלּוּ עַל עֲוֺנֵךְ.** לְהוֹכִיחַ דַּרְכֵּךְ עַל פָּנָיךְ: **לְהָשִׁיב שְׁבוּתֵךְ.** לְיַשֵּׁר מְשׁוּבוֹתַיִךְ, לְשׁוֹן "שׁוֹבְבָה", "שׁוֹבָבִים", "וַיֵּלֶךְ שׁוֹבָב": **וּמַדּוּחִים.** הַדִּיחוּךְ מֵעָלַי:

False and senseless visions words that have no taste, and in Old French aflestrimant, insipidity, sickliness. **And** they have not exposed your iniquity to reprove you to your face about your way. **To** straighten out your backsliding Heb. לְהָשִׁיב שְׁבוּתֵךְ, an expression of שׁוֹבְבָה שׁוֹבָבִים, backsliding: "and he went rebelliously שׁוֹבָב." **Misleading** oracles They misled you away from Me.

[14] רש"י - **שָׁרְקוּ.** נוֹפֵחַ בְּפִיו, שיבלי"ר בְּלַעַ"ז, וְדֶרֶךְ אָדָם לַעֲשׂוֹת כֵּן הָרוֹאֶה דָּבָר חָשׁוּב שֶׁחָרַב וְכָלָה: **כְּלִילַת יֹפִי.** כָּל הַיּוֹפִי הָיָה שֶׁלָּהּ:

They hissed to blow with the mouth, siblir in Old French, to hiss, whistle. It is customary for a person to do this when he sees an important thing that was ruined. **The** perfection of beauty All beauty was hers.

טו. פָּצוּ עָלַיִךְ פִּיהֶם כָּל־אֹיְבַיִךְ שָׁרְקוּ וַיַּחַרְקוּ־שֵׁן אָמְרוּ בִּלָּעְנוּ אַךְ זֶה הַיּוֹם שֶׁקִּוִּינֻהוּ מָצָאנוּ רָאִינוּ:

All your enemies Jeer at you; They hiss and gnash their teeth, and cry: We've ruined her, ah, this is the day we hoped for; We have lived to see it.

טז. עָשָׂה יְהֹוָה אֲשֶׁר זָמָם בִּצַּע אֶמְרָתוֹ אֲשֶׁר צִוָּה מִימֵי־קֶדֶם הָרַס וְלֹא חָמָל וַיְשַׂמַּח עָלַיִךְ אוֹיֵב הֵרִים קֶרֶן צָרָיִךְ:

The LORD has done what He purposed, has carried out the decree That He ordained long ago; He has torn down without pity. He has let the foe rejoice over you, has exalted the might of your enemies.

יז. צָעַק לִבָּם אֶל־אֲדֹנָי חוֹמַת בַּת־צִיּוֹן הוֹרִידִי כַנַּחַל דִּמְעָה יוֹמָם וָלַיְלָה אַל־תִּתְּנִי פוּגַת לָךְ אַל־תִּדֹּם בַּת עֵינֵךְ:

---

¹⁵ רש"י - **פָּצוּ עָלַיִךְ פִּיהֶם**. מִפְּנֵי מָה הִקְדִּים פּ"א לָעַיִ"ן. מִפְּנֵי שֶׁהָיוּ אוֹמְרִים בְּפִיהֶם מַה שֶׁלֹּא רָאוּ בְּעֵינֵיהֶם:

All your enemies have opened their mouths wide against you Why did Scripture place the "pey" before the "ayin", Because they were saying with their mouths פֶּה what they did not see with their eyes עַיִן.

¹⁶ רש"י - **בִּצַּע אֶמְרָתוֹ**. כִּלָּה גְזֵרָתוֹ, כְּמוֹ "יַתֵּר יָדוֹ וִיבַצְּעֵנִי": **אֲשֶׁר צִוָּה מִימֵי קֶדֶם**. מַה שֶׁכָּתוּב בַּתּוֹרָה "וְיָסַפְתִּי לְיַסְּרָה אֶתְכֶם שֶׁבַע":

He has carried out His word He completed His decree, like: "let loose His hand and finish me off וִיבַצְּעֵנִי." **Which** He decreed long ago that which is written in the Torah: "and I shall continue to chastise you sevenfold."

¹⁷ רש"י - **פוּגַת**. הָעֲבָרָה, טרישאלמינ"ט, כְּמוֹ "וַיָּפָג לִבּוֹ": **בַּת עֵינֵךְ**. שָׁחוֹר שֶׁל עַיִן שֶׁקּוֹרִין פרוניל"ט:

Their heart cried out to the Lord. O wall of Fair Zion, shed tears like a torrent Day and night, Give yourself no respite, Your eyes no rest.

יט. קוּמִי | רֹנִּי [כתיב בליל] בַלַּיְלָה לְרֹאשׁ אַשְׁמֻרוֹת[18] שִׁפְכִי כַמַּיִם לִבֵּךְ נֹכַח פְּנֵי אֲדֹנָי שְׂאִי אֵלָיו כַּפַּיִךְ עַל־נֶפֶשׁ עוֹלָלַיִךְ הָעֲטוּפִים בְּרָעָב בְּרֹאשׁ כָּל־חוּצוֹת:

Arise, cry out in the night at the beginning of the watches, pour out your heart like water in the presence of the Lord, lift up your hands to Him for the life of your infants, who faint for hunger at every street corner.

כ. רְאֵה יְהֹוָה וְהַבִּיטָה לְמִי עוֹלַלְתָּ כֹּה אִם־תֹּאכַלְנָה נָשִׁים פִּרְיָם עֹלֲלֵי טִפֻּחִים[19] אִם־יֵהָרֵג בְּמִקְדַּשׁ אֲדֹנָי כֹּהֵן וְנָבִיא:

Respite Heb. פּוּגַת, an expression of letting up, regalement in Old French, respite, let up, like: "and his heart grew faint וַיָּפָג." **The** pupil of your eye the black area of the eye, which is called prunelle in French, pupil.

¹⁸ רש"י - **אַשְׁמֻרוֹת.** שְׁנֵי חֶלְקֵי הַלַּיְלָה, שֶׁהַלַּיְלָה נֶחֱלֶקֶת לִשְׁלֹשָׁה חֲלָקִים, כְּמוֹ שֶׁאָמְרוּ רַבּוֹתֵינוּ בְּמַסֶּכֶת בְּרָכוֹת: הָעֲטוּפִים. אשפומי"ן בְּלַעַ"ז:
At the beginning of the watches [i.e., at the beginning of the final] two parts of the night, for the night is divided into three parts, as our Rabbis stated in Tractate Berachoth. **Who** faint פ‹Am›'s in French, faint, swooning.

¹⁹ רש"י - **עֹלֲלֵי טִפֻּחִים.** יְלָדִים רַכִּים שֶׁעוֹדָן גְּדֵלִים בְּטִפּוּחֵי אִמּוֹתָם. וְרַבּוֹתֵינוּ דָּרְשׁוּ עַל דּוֹאֵג בֶּן יוֹסֵף שֶׁהָיְתָה אִמּוֹ מוֹדַדְתּוֹ בְּטִפָּחִים בְּכָל יוֹם וָיוֹם לָתֵת זָהָב לְבֵית הַמִּקְדָּשׁ לְפִי מַה שֶׁהָיָה גָּדֵל, וּלְבַסּוֹף אֲכָלַתּוּ: אִם יֵהָרֵג בְּמִקְדַּשׁ ה': **כֹּהֵן וְנָבִיא.** רוּחַ הַקֹּדֶשׁ מְשִׁיבָתָם "וְכִי נָאֶה לָכֶם שֶׁהֲרַגְתֶּם אֶת זְכַרְיָה בֶּן יְהוֹיָדָע", כְּמוֹ שֶׁכָּתוּב בְּדִבְרֵי הַיָּמִים, שֶׁהוֹכִיחָם כְּשֶׁבָּאוּ לְהִשְׁתַּחֲוֹת לְיוֹאָשׁ וַעֲשָׂאוּהוּ עֲבוֹדַת אֱלִילִים "וְרוּחַ לָבְשָׁה אֶת זְכַרְיָה בֶּן יְהוֹיָדָע". וְהָיָה כֹהֵן וְנָבִיא, וַהֲרָגוּהוּ בָּעֲזָרָה:

See, O LORD, and behold, to whom You have done this, alas, women eat their own fruit, their new-born babes, alas, priest and prophet are slain In the Sanctuary of the Lord.

כא. שָׁכְבוּ לָאָרֶץ חוּצוֹת נַעַר וְזָקֵן בְּתוּלֹתַי וּבַחוּרַי נָפְלוּ בֶחָרֶב הָרַגְתָּ בְּיוֹם אַפֶּךָ טָבַחְתָּ לֹא חָמָלְתָּ:

Prostrate in the streets lie Both young and old. My maidens and youths Are fallen by the sword; You slew them on Your day of wrath, you slaughtered without pity.

כב. תִּקְרָא ²⁰ כְיוֹם מוֹעֵד מְגוּרַי מִסָּבִיב וְלֹא הָיָה בְּיוֹם אַף־יְהֹוָה פָּלִיט וְשָׂרִיד אֲשֶׁר־טִפַּחְתִּי וְרִבִּיתִי אֹיְבִי כִלָּם:

---

children that are petted tender children, who are still being raised with their mothers' pampering. And our Sages expounded on Doeg the son of Joseph, whose mother would measure him with her fists every day, to give gold to the Temple according to how much he grew, and she ultimately devoured him. **Will** priest and prophet be slain in the Sanctuary of the Lord The holy spirit answers them, "Now was it proper for you that you slew Zechariah the son of Jehoiada," as is written, that he reproved them when they came and prostrated themselves to Joash, and deified him: "And the spirit of God enveloped Zechariah the son of Jehoiada." He was a priest and a prophet, and they slew him in the forecourt.

²⁰ רש"י - **תִּקְרָא כְיוֹם מוֹעֵד**. כְּמוֹ "קָרָאתָ". וּלְשׁוֹן הֹוֶה הוּא: **מְגוּרַי**. שְׁכֵנַי הָרָעִים לֶאֱסֹף עָלַי לְהַשְׁחִית: אֲשֶׁר טִפַּחְתִּי וְרִבִּיתִי: **אוֹיְבַי כִלָּם**. הַיְלָדִים אֲשֶׁר טִפַּחְתִּי וְגִדַּלְתִּי אוֹתָם בָּא הָאוֹיֵב וְכִלָּה אוֹתָם:
You have summoned...as though it were a feast day Heb. תִּקְרָא, like קָרָאתָ, and this is the present tense. my neighbors my evil neighbors, to gather about me to destroy. **Those** whom I dandled and reared, my

You summoned, as on a festival, My neighbors from roundabout. On the day of the wrath of the LORD, none survived or escaped; Those whom I bore and reared My foe has consumed.

enemy exterminated the children whom I dandled and reared, the enemy came and exterminated.

פרק ג Chapter 3

א. אֲנִי֩ הַגֶּ֨בֶר רָאָ֥ה עֳנִ֛י בְּשֵׁ֥בֶט עֶבְרָתֽוֹ:

I am the man who has known affliction Under the rod of His wrath.

ב. אוֹתִ֥י נָהַ֛ג וַיֹּלַ֖ךְ חֹ֥שֶׁךְ וְלֹא־אֽוֹר:

Me He drove on and on in unrelieved darkness.

ג. אַ֣ךְ בִּ֥י יָשֻׁ֛ב יַהֲפֹ֥ךְ יָד֖וֹ כָּל־הַיּֽוֹם:

On none but me He brings down His hand Again and again, without cease.

ד. בִּלָּ֤ה בְשָׂרִי֙ וְעוֹרִ֔י שִׁבַּ֖ר עַצְמוֹתָֽי:

---

¹ רַשִׁ"י - **אֲנִי הַגֶּבֶר רָאָה עֳנִי.** הָיָה מִתְאוֹנֵן יִרְמְיָה לוֹמַר: "אֲנִי הַגֶּבֶר רָאָה עֳנִי", אֲשֶׁר רָאָה עֳנִי מִכָּל הַנְּבִיאִים שֶׁנִּתְנַבְּאוּ עַל חֻרְבַּן הַבַּיִת, שֶׁבִּימֵיהֶם לֹא נֶחֱרַב הַבַּיִת, כִּי אִם בְּיָמַי: **בְּשֵׁבֶט עֶבְרָתוֹ.** שֶׁל רוֹדֶה וּמַכֶּה, הוּא הַקָּדוֹשׁ בָּרוּךְ הוּא:

I am the man who has seen affliction Jeremiah lamented, saying, "I am the man who has seen affliction," who has seen affliction more than all the prophets who prophesied concerning the destruction of the Temple, for the Temple was not destroyed in their days, but it was in my days. By the rod of His wrath of the One who chastises and smites, i.e., the Holy One, blessed be He.

² רַשִׁ"י - **אַךְ בִּי יָשֻׁב.** אֲנִי לְבַדִּי לוֹקֶה תָמִיד, כִּי כָל תְּשׁוּבוֹת מַכּוֹתָיו עָלָי:

Only against me would He repeatedly I alone am constantly smitten, for the entire repetition of His blows is upon me.

³ רַשִׁ"י - **בִּלָּה בְשָׂרִי.** כְּמוֹ "לְבוּל עֵץ". דָּבָר אַחֵר: "בִּלָּה בְשָׂרִי וְעוֹרִי". כְּמוֹ "וְהָאָרֶץ כַּבֶּגֶד תִּבְלֶה". כְּלוֹמַר, שָׁכְבוּ לָאָרֶץ חוּצוֹת נַעַר וְזָקֵן, וְלֹא הָיָה לָהֶם כַּר וְכֶסֶת וּבָלָה בְשָׂרָם כְּשֶׁהֵם גוֹלִים:

He has made my flesh and my skin waste away Heb. בִּלָּה, like: "to rotten wood לְבוּל עֵץ." Another explanation: He has made my flesh and my skin waste away, like: "And the earth shall rot away תִּבְלֶה like a garment," i.e., both young and old lay on the ground with neither

He has worn away my flesh and skin; He has shattered my bones.

ה. בָּלָה עָלַי וַיַּקַּף⁴ רֹאשׁ וּתְלָאָה:

All around me He has built Misery and hardship.

ו. בְּמַחֲשַׁכִּים הוֹשִׁיבַנִי כְּמֵתֵי עוֹלָם:

He has made me dwell in darkness, Like those long dead.

ז. גָּדַר בַּעֲדִי⁵ וְלֹא אֵצֵא הִכְבִּיד נְחָשְׁתִּי:

He has walled me in and I cannot break out; He has weighed me down with chains.

ח. גַּם כִּי אֶזְעַק וַאֲשַׁוֵּעַ שָׂתַם⁶ תְּפִלָּתִי:

---

pillow nor cushion, and their flesh wore out when they were going into exile.

⁴ רש"י - **וַיַּקַּף**. הִקִּיפַנִי: **רֹאשׁ וּתְלָאָה**. כְּמוֹ "רֹאשׁ וְלַעֲנָה". וּמִדְרַשׁ אַגָּדָה: רֹאשׁ זֶה נְבוּכַדְנֶצַּר בְּגָלוּת יְהוֹיָכִין. וּתְלָאָה, נְבוּזַרְאֲדָן שֶׁגָּמַר הַמַּכָּה בִּימֵי צִדְקִיָּהוּ וְהֶלְאַנִי:

And encompassed He encompassed me. **Gall** Heb. רֹאשׁ, like "gall and wormwood." The Midrash Aggadah, states: רֹאשׁ refers to Nebuchadnezzar in the exile of Jehoiachin. travail Nebuzaradan, who completed the blow in the days of Zedekiah, and he wearied me.

⁵ רש"י - **גָּדַר בַּעֲדִי**. עָשָׂה חוֹמָה לְנֶגְדִּי לִהְיוֹת כָּלוּא: **וְלֹא אֵצֵא**. הוֹשִׁיב סְבִיבוֹתַי מַחֲנוֹת וּגְיָסוֹת שֶׁל אוֹרְבִים: **הִכְבִּיד נְחָשְׁתִּי**. עָשָׂה לְרַגְלַי נְחָשְׁתַּיִם כְּבֵדִים שֶׁלֹּא אוּכַל לֵילֵךְ, פיריי"ש בְּלַע"ז:

He has fenced me in He has made a wall opposite me so that I should be imprisoned. **So** that I cannot get out He stationed camps and troops of soldiers lying-in-wait around me. **He** has made my chains heavy He made heavy fetters for my feet so that I would be unable to walk, fieryes in Old French, chains.

⁶ רש"י - **שָׂתַם תְּפִלָּתִי**. סָתַם חַלּוֹנוֹת הָרָקִיעַ בְּפָנֶיהָ:

39

And when I cry and plead, He shuts out my prayer.

ט. גָּדַר דְּרָכַי֙ בְּגָזִית֙ נְתִיבֹתַי֙ עִוָּֽה:

He has walled in my ways with hewn blocks, He has made my paths a maze.

י. דֹּב אֹרֵב הוּא לִי֙ [כתיב אריה] קרי אֲרִי בְּמִסְתָּרִֽים:

He is a lurking bear to me, A lion in hiding.

יא. דְּרָכַי֙ סוֹרֵר וַֽיְפַשְּׁחֵנִי֙ שָׂמַנִי שֹׁמֵֽם:

He has forced me off my way and mangled me, He has left me numb.

He shuts out my prayer He shut the windows of the sky before it.

רש"י [7] - **נְתִיבֹתַי עִוָּה.** אִם בָּאתִי לָצֵאת, אֵינִי יוֹצְאָה בַדְּרָכִים הַסְּלוּלִים, בְּדֶרֶךְ יְשָׁרָה, מִפְּנֵי הָאוֹיְבִים, וְאֵצֵא דֶרֶךְ עֲקַלָּתוֹן:

He has made my paths crooked If I wish to go out, I do not go out on roads paved in a straight way, because of the enemies, but I go out on a crooked road.

רש"י [8] - **דֹּב אֹרֵב הוּא לִי.** הַקָּדוֹשׁ בָּרוּךְ הוּא נֶהְפַּךְ לִי לְדֹב אוֹרֵב:

He is to me a bear lying in wait The Holy One, blessed be He, turned into a bear lying in wait for me.

רש"י [9] - **דְּרָכַי סוֹרֵר.** לְשׁוֹן סִירִים, קוֹצִים. סוֹרֵר, קוֹנֵץ אוֹתָם, מְפַזֵּר קוֹצִים בִּדְרָכָי: **וַיְפַשְּׁחֵנִי.** לְשׁוֹן פִּסּוּק הָרַגְלַיִם שֶׁהָעוֹבֵר עַל הַדְּרָכִים שֶׁאֵין מֵפְנִים צָרִיךְ לְהַרְחִיב צְעָדָיו. וְיֵשׁ דֻּגְמָא בִלְשׁוֹן גְּמָרָא, "הַאי מַאן דְּפָשַׁח דִּיקְלָא:

He scattered thorns on my ways Heb. סוֹרֵר, an expression of סִירִים, thorns. סוֹרֵר means that He "thorned" them, He scattered thorns on my ways. **He** caused me to spread my legs Heb. וַיְפַשְּׁחֵנִי, an expression of spreading the legs. One who passes on roads that are not cleared must widen his stride, and there is an example of this in the language of the Gemara: "The one who pruned דְּפָשַׁח a date palm" meaning that he separated the branches from the trunk.

יב. דָּרַךְ קַשְׁתּוֹ וַיַּצִּיבֵנִי[10] כַּמַּטָּרָא לַחֵץ:

He has bent His bow and made me the target of His arrows.

יג. הֵבִיא בְּכִלְיוֹתָי בְּנֵי[11] אַשְׁפָּתוֹ:

He has shot into my vitals The shafts of His quiver.

יד. הָיִיתִי שְּׂחֹק לְכָל־עַמִּי נְגִינָתָם כָּל־הַיּוֹם:

I have become a laughingstock to all people, The butt of their gibes all day long.

טו. הִשְׂבִּיעַנִי בַמְּרוֹרִים הִרְוַנִי לַעֲנָה:

He has filled me with bitterness, Sated me with wormwood.

טז. וַיַּגְרֵס[12] בֶּחָצָץ שִׁנָּי הִכְפִּישַׁנִי בָּאֵפֶר:

---

[10] רש"י - **וַיַּצִּיבֵנִי כַּמַּטָּרָא.** הֶעֱמִידַנִי כְּנֶגֶד חִצָּיו לִירוֹת בִּי כְּמַטָּרָא, אשנייל"א בְּלַע"ז:
And set me up as a target He set me up opposite His arrows to shoot at me like a target, asenayl in Old French, target.

[11] רש"י - **בְּנֵי אַשְׁפָּתוֹ.** חִצִּים שֶׁנּוֹתְנִין בְּתוֹךְ אַשְׁפָּה שֶׁקּוֹרִין קוּיכר"א:
The arrows of His quiver arrows that are placed within the quiver, called cuyvre, quiver.

[12] רש"י - **וַיַּגְרֵס.** וַיְשַׁבֵּר, וְדִגְמָתוֹ "גָּרְסָה נַפְשִׁי". וְכֵן, "גֶּרֶשׂ כַּרְמֶל": **בֶּחָצָץ.** אֲבָנִים דַּקִּים שֶׁבְּתוֹךְ הֶעָפָר, שֶׁהָיוּ הַגּוֹלִים לָשִׁין עִסָּתָן בְּתוֹךְ הַגּוּמוֹת שֶׁחוֹפְרִים בַּקַּרְקַע, וְהֶחָצָץ נִכְנָס לְתוֹכָהּ, כְּמוֹ שֶׁאָמַר הַקָּדוֹשׁ בָּרוּךְ הוּא לִיחֶזְקֵאל "עֲשֵׂה לְךָ כְּלִי גוֹלָה" לִשְׁתּוֹת בּוֹ וְלָלוּשׁ בְּתוֹכוֹ חֲרָרָה קְטַנָּה, כְּדֵי שֶׁיִּלְמְדוּ הֵם וְיַעֲשׂוּ כֵן, כָּעִנְיָן שֶׁנֶּאֱמַר "וְהָיָה יְחֶזְקֵאל לָכֶם לְמוֹפֵת". וְהֵם הָיוּ מְשַׂחֲקִים עָלָיו וְלֹא עָשׂוּ כֵן. לְסוֹף נִשְׁתַּבְּרוּ שְׁנֵיהֶם: **הִכְפִּישַׁנִי.** כָּפָה אוֹתִי בָּאֵפֶר כִּכְלִי הַכָּפוּי עַל פִּיו, ארנטי"ר בְּלַע"ז, וְיֵשׁ דּוֹמֶה בַּמִּשְׁנָה, "פִּישׁוֹן הַגָּמָל בַּמִּדָּה הַכְּפוּשָׁה מָדַד":

41

He has broken my teeth on gravel, has ground me into the dust.

טז. וַתִּזְנַח מִשָּׁלוֹם נַפְשִׁי נָשִׁיתִי טוֹבָה:

My life was bereft of peace, I forgot what happiness was.

יז. וָאֹמַר[13] אָבַד נִצְחִי וְתוֹחַלְתִּי מֵיְהֹוָה:

I thought my strength and hope Had perished before the LORD.

יט. זְכָר־עָנְיִי וּמְרוּדִי[14] לַעֲנָה וָרֹאשׁ:

To recall my distress and my misery Was wormwood and poison.

He has made...grind Heb. וַיַּגְרֵס, and He broke, and an example is: "My soul is crushed גָּרְסָה"; and similarly: "ground גֶּרֶשׂ when still fresh." **On** gravel Heb. בֶּחָצָץ, fine pebbles that are in the midst of the dust, for the exiles would knead their dough in the pits that they would dig in the ground, and the gravel would enter it, as the Holy One, blessed be He, said to Ezekiel: "Make yourself implements for exile," in which to drink and in which to knead a small cake, so that they should learn and do likewise, as it is stated: "And Ezekiel will be to you for a sign," but they ridiculed him and did not do so; So their teeth were ultimately broken. **And** caused me to wallow He turned me over in ashes like a vessel inverted on its mouth, adenter in Old French, to throw flat on one's face. There is a similar word in the Mishnah: Pishon the camel driver measured with an inverted כְּפוּשָׂה measure.

[13] רש"י - **וָאֹמַר אָבַד נִצְחִי.** אָמַרְתִּי בְלִבִּי בְּרֹב צָרוֹתַי, "אָבַד עוֹלָמִי וְסִבְרִי":
So, I said, gone is my life Heb. נִצְחִי. I said to myself in the midst of my many troubles, "My world and my hope are gone."

[14] רש"י - **וּמְרוּדִי.** אקימפלויינ"ט בְּלַעַ"ז:
And my misery Heb. וּמְרוּדִי, complaint, wailing.

כ. זָכֹ֣ור֙ ¹⁵ תִּזְכֹּ֔ור [כתיב ותשיחז] קרי וְתָשֹׁ֖וחַ עָלַ֣י נַפְשִֽׁי:

Whenever I thought of them, I was bowed low.

כא. זֹ֛את ¹⁶ אָשִׁ֥יב אֶל־לִבִּ֖י עַל־כֵּ֥ן אוֹחִֽיל:

But this do I call to mind; Therefore, I have hope.

כב. חַֽסְדֵ֤י ¹⁷ יְהוָֹה֙ כִּ֣י לֹא־תָ֔מְנוּ כִּ֥י לֹא־כָל֖וּ רַֽחֲמָֽיו:

The kindness of the LORD has not ended, His mercies

---

¹⁵ רַשִׁ"י - **זָכֹור תִּזְכֹּור**. נַפְשִׁי אֶת עׇנְיִי וּמְרוּדִי וְתָשׁוֹחַ עָלַי. כָּךְ הוּא פְשׁוּטוֹ לְפִי עִנְיַן שִׁיטַת הַמִּקְרָא. וּמִדְרַשׁ אַגָּדָה: "זָכֹור תִּזְכֹּור", יָדַעְתִּי שֶׁסּוֹפְךָ לִזְכֹּור אֶת הֶעָשׂוּי לִי, אֲבָל תָּשׁוֹחַ עָלַי נַפְשִׁי לְהַמְתִּין עַד זְמַן הַזְּכִירָה, וּמִכַּאן יְסַד הַפַּיִט, "בְּזֹאת יָדַעְתִּי כִּי יֵשׁ לְךָ לִזְכֹּור, אֲבָל תָּשׁוֹחַ עָלַי נַפְשִׁי עַד שֶׁתִּזְכֹּור:

Well remembers My soul well remembers my affliction and my misery and is bowed down within me. This is the simple meaning according to the context of the verse. The Midrash Aggadah - however, explains it as follows: I know that You will ultimately remember what was done to me, but my soul is bowed down within me waiting for the time of remembrance. On this the liturgical poet based his poem: "With this I know that You have to remember, but my soul is bowed down within me until You remember."

¹⁶ רַשִׁ"י - **זֹאת אָשִׁיב אֶל לִבִּי**. אַחַר שֶׁאָמַר לִי לִבִּי, "אָבְדָה תוֹחַלְתִּי מֵהּ"', אָשִׁיב זֹאת אֶל לִבִּי וְאוֹחִיל עוֹד. וּמָה הוּא זֹאת שֶׁאָשִׁיב אֶל לִבִּי:

This I reply to my heart After my heart said to me that my hope from the Lord was gone, I will reply this to my heart, and I will continue to hope. Now what is it that I will reply to my heart.

¹⁷ רַשִׁ"י - **חַסְדֵי ה' כִּי לֹא תָמְנוּ**. וְכָל הָעִנְיָן עַד "מַה יִּתְאוֹנֵן וְגו'": **כִּי לֹא תָמְנוּ**. כְּמוֹ כִּי לֹא תַמּוּ. וְיֵשׁ מְפָרְשִׁים "כִּי לֹא תָמְנוּ" כְּמוֹ "הַאִם תַּמְנוּ לִגְוֹעַ". חַסְדֵי ה' הֵם אֲשֶׁר לֹא תָמְנוּ וְלֹא כָלִינוּ בַעֲוֹנֵינוּ:

Verily, the kindnesses of the Lord never cease and the entire section until: "Why should a living man complain? etc." **Indeed**, His mercies never fail Heb. כִּי לֹא תָמְנוּ, like כִּי לֹא תַמּוּ. And some explain: כִּי לֹא תָמְנוּ, for we have not ended like: "Are we then altogether given תַמְנוּ to die?" It is because of the kindnesses of the Lord that we have not ended, that we have not perished because of our iniquities.

are not spent.

כג. חֲדָשִׁים֙ [18] לַבְּקָרִ֔ים רַבָּ֖ה אֱמוּנָתֶֽךָ׃

They are renewed every morning Ample is Your grace.

כד. חֶלְקִ֤י יְהֹוָה֙ אָֽמְרָ֣ה נַפְשִׁ֔י עַל־כֵּ֖ן אוֹחִ֥יל לֽוֹ׃ [19]

The LORD is my portion, I say with full heart; Therefore, will I hope in Him.

כה. ט֤וֹב יְהֹוָה֙ לְקֹוָ֔ו לְנֶ֖פֶשׁ תִּדְרְשֶֽׁנּוּ׃

The LORD is good to those who trust in Him, To the one who seeks Him.

כו. ט֣וֹב [20] וְיָחִיל֙ וְדוּמָ֔ם לִתְשׁוּעַ֖ת יְהֹוָֽה׃

It is good to wait patiently till rescue comes from the LORD.

---

[18] רש״י - **חֲדָשִׁים לַבְּקָרִים.** מִתְחַדְּשִׁים הֵם חֲסָדֶיךָ מִיוֹם אֶל יוֹם: **רַבָּה אֱמוּנָתֶךָ.** גְּדוֹלָה הִיא הַבְטָחָתְךָ, וְדָבָר גָּדוֹל הוּא לְהַאֲמִין בְּךָ שֶׁתְּקַיֵּם וְתִשְׁמֹר מַה שֶׁהִבְטַחְתָּ לָנוּ:

They are new every morning Your kindnesses are renewed from day to day. **Great** is Your faithfulness Your promise is great, and it is a great thing to believe in You that You will fulfill and keep what You promised us.

[19] רש״י - **חֶלְקִי ה' אָמְרָה נַפְשִׁי.** ה' מְנָת חֶלְקִי, וְדִין הוּא שֶׁאוֹחִיל לוֹ:

"**The** Lord is my portion," says my soul The Lord is my portion; it is therefore proper that I should hope in Him.

[20] רש״י - **טוֹב וְיָחִיל וְדוּמָם.** וָי"ו שֶׁל "וְיָחִיל" יְתֵרָה, כְּמוֹ וָי"ו שֶׁל "וְאַיָּה וַעֲנָה". טוֹב שֶׁיָּחִיל אָדָם וְיִדֹּם וִיצַפֶּה לִתְשׁוּעַת ה':

It is good that l lone should wait quietly Heb. טוֹב וְיָחִיל וְדוּמָם. The "vav" of וְיָחִיל is superfluous like the "vav" of: "Ayyah וְאַיָּה and Anah." It is good that a man waits and remain silent and hope for the Lord's salvation.

כז. טֹוב לַגֶּבֶר כִּי־יִשָּׂא עֹל בִּנְעוּרָיו:

It is good for a man, when young, to bear a yoke.

כח. יֵשֵׁב בָּדָד וְיִדֹּם כִּי נָטַל עָלָיו:

Let him sit alone and be patient, When He has laid it upon him.

כט. יִתֵּן בֶּעָפָר פִּיהוּ אוּלַי יֵשׁ תִּקְוָה:

Let him put his mouth to the dust There may yet be hope.

ל. יִתֵּן לְמַכֵּהוּ לֶחִי יִשְׂבַּע בְּחֶרְפָּה:

Let him offer his cheek to the smiter; Let him be surfeited with mockery.

לא. כִּי לֹא יִזְנַח לְעוֹלָם אֲדֹנָי:

For the Lord does not Reject forever.

לב. כִּי אִם־הוֹגָה וְרִחַם כְּרֹב חֲסָדָיו:

רַשִׁ"י - **יֵשֵׁב בָּדָד.** מִי שֶׁאֵרַע לוֹ אֵבֶל וְצָרָה, יֵשֵׁב גַּלְמוּד וִיצַפֶּה לְטוֹבָה: **וְיִדֹּם.** לְשׁוֹן הַמְתָּנָה, כְּמוֹ "אִם כֹּה יֹאמְרוּ אֵלֵינוּ דֹּמוּ" דִּיהוֹנָתָן: **כִּי נָטַל עָלָיו.** כִּי בַּעַל הַגְּזֵרוֹת נָשָׂא עָלָיו הַגְּזֵרָה זוּ:

Let him sit solitary Whoever was befallen by mourning and trouble should sit solitary and hope for the best. **And** wait Heb. וְיִדֹּם, an expression of waiting, like: "If they say thus to us, Wait דֹּמוּ" about Jonathan. **For** He has laid it upon him for the Lord of decrees has laid this decree upon him.

רַשִׁ"י - **כִּי לֹא יִזְנַח לְעוֹלָם אֲדֹנָי.** לָכֵן טוֹב לָדֹם:

For the Lord will not cast him off forever It is therefore good to wait.

רַשִׁ"י - **כִּי אִם הוֹגָה.** אִם הָאָדָם מֵבִיא עָלָיו יָגוֹן בִּשְׁבִיל עֲוֹנוֹ, וְאַחַר כָּךְ, וְרִחַם כְּרֹב חֲסָדָיו: **הוֹגָה וְיַגָּה.** לְשׁוֹן תּוּגָה הֵם:

45

But first afflicts, then pardons In His abundant kindness.

לג. כִּי‎²⁴ לֹא עִנָּה מִלִּבּוֹ וַיַּגֶּה בְּנֵי־אִישׁ:

For He does not willfully bring grief Or affliction to man.

לד. לְדַכֵּא‎²⁵ תַּחַת רַגְלָיו כֹּל אֲסִירֵי אָרֶץ:

Crushing under His feet All the prisoners of the earth.

לה. לְהַטּוֹת מִשְׁפַּט־גֶּבֶר נֶגֶד פְּנֵי עֶלְיוֹן:

To deny a man his rights in the presence of the Most High.

Though he causes grief If a man brings grief upon himself because of his iniquity, afterwards He will yet have compassion according to the abundance of His kindness. **The** words הוֹגָה וְיַגֶּה are expressions of תּוּגָה, grief.

²⁴ רַשִׁ"י - **כִּי לֹא עִנָּה מִלִּבּוֹ.** וַיַּגֶּה בְּנֵי אִישׁ. מִלִּבּוֹ וּמֵרְצוֹנוֹ, כִּי הֶעָוֹן גּוֹרֵם:
For He does not willingly afflict or grieve the sons of man from His heart and from His will, but the iniquity causes it.

²⁵ רַשִׁ"י - **לְדַכֵּא תַּחַת רַגְלָיו.** מוּסָב עַל "כִּי לֹא עִנָּה מִלִּבּוֹ" לִהְיוֹת מְדַכֵּא תַּחַת רַגְלָיו וְגוֹ'. וְלֹא לְהַטּוֹת מִשְׁפַּט גֶּבֶר וְגוֹ'. וְלֹא לְעַוֵּת אָדָם בְּרִיבוֹ, כָּל אֵלֶּה ה' לֹא רָאָה. לֹא נִרְאָה לוֹ, וְלֹא עָלְתָה לְפָנָיו בְּמַחֲשַׁבְתּוֹ לַעֲשׂוֹת כֵּן:
Or crush under His feet This refers back to, "For He does not willingly afflict to crush under His feet, etc., or pervert the righteous judgment of a man, or distort a man's dispute, etc." All these the Lord did not approve. He did not approve of them, and it did not enter His thoughts to do so.

לו. לְעַוֵּת אָדָם בְּרִיבֹו אֲדֹנָי לֹא רָאָה: 26

To wrong a man in his cause This the Lord does not choose.

לז. מִי 27 זֶה אָמַר וַתֶּהִי אֲדֹנָי לֹא צִוָּה:

Whose decree was ever fulfilled, Unless the Lord willed it.

לח. מִפִּי 28 עֶלְיוֹן לֹא תֵצֵא הָרָעֹות וְהַטֹּוב:

---

26 רש"י - **לֹא רָאָה.** לֹא הִכְשַׁר בְּעֵינָיו שֶׁיְּעַוְּתוּ בֵּית דִּין שֶׁל מַעְלָה אָדָם בְּרִיבוֹ, כְּמוֹ "מָה רָאִיתָ כִּי עָשִׂיתָ וְגוֹ'":

Does not approve He does not approve that the heavenly tribunal should distort a person's dispute, like: "What did you see that you did, etc."

27 רש"י - **מִי זֶה אָמַר וַתֶּהִי,** וְגוֹ':

Whose decree was ever fulfilled etc.

28 רש"י - **מִפִּי עֶלְיוֹן וְגוֹ'.** וְאִם בָּאתִי לוֹמַר: "לֹא מִיָּדוֹ בָּאָה אֵלַי הָרָעָה הַזֹּאת, מִקְרֶה הִיא שֶׁהָיָה לִי", אֵין זֹאת, כִּי אִם בֵּין רָעוֹת וּבֵין טוֹבוֹת, מִי זֹאת אָמַר וַתֶּהִי, אִם ה' לֹא צִוָּה, וּמִפִּיו לֹא תֵצֵא הֵן רָעָה הֵן טוֹבָה, אֲבָל מַה יֵּשׁ לְהִתְאוֹנֵן אָדָם חָי? "גֶּבֶר עַל חֲטָאָיו". כָּל אִישׁ וְאִישׁ יִתְאוֹנֵן עַל חֲטָאָיו, כִּי הֵם הַמְּבִיאִים עָלָיו הָרָעָה. "מִפִּי עֶלְיוֹן לֹא תֵצֵא". אָמַר רַבִּי יוֹחָנָן: מִיּוֹם שֶׁאָמַר הַקָּדוֹשׁ בָּרוּךְ הוּא "רְאֵה נָתַתִּי לְפָנֶיךָ הַיּוֹם אֶת הַחַיִּים וְאֶת הַטּוֹב וְגוֹ'", לֹא יָצָא רָעָה וְטוֹבָה מִפִּיו, אֶלָּא הָרָעָה בָּאָה מֵאֵלֶיהָ לְעוֹשֵׂה רַע וְהַטּוֹב לְעוֹשֵׂה טוֹב. לְפִיכָךְ, "מַה יִּתְאוֹנֵן"? לָמָּה יִתְרַעֵם הָאָדָם אִם לֹא עַל חֲטָאָיו:

And by the command of the Highest, etc. And if you attempt to say that this evil did not come to me from His hand, that it is happenstance that it has befallen me, this is not so, for both evil occurrences and good occurrences - who has commanded and they came to pass, unless the Lord ordained? And by His command both evil and good come. But "why should a living man complain? A man for his sins." Every man should complain about his sins, because they are what bring the evil upon him. By the command of the Highest, neither good nor evil come Said Rabbi Johanan: Since the day that the Holy One, blessed be He, said: "See, I have set before you today life and good, etc.," neither evil nor good has come from His command, but the evil comes by itself

Is it not at the word of the Most High, That weal and woe befall.

לט. מַה־יִּתְאוֹנֵן אָדָם חָי גֶּבֶר עַל־חֲטָאָו:

Of what shall a living man complain? Each one of his own sins.

מ. נַחְפְּשָׂה דְרָכֵינוּ וְנַחְקֹרָה וְנָשׁוּבָה עַד־יְהֹוָה:

Let us search and examine our ways, and turn back to the LORD.

מא. נִשָּׂא [29] לְבָבֵנוּ אֶל־כַּפָּיִם אֶל־אֵל בַּשָּׁמָיִם:

Let us lift up our hearts with our hands To God in heaven.

---

to the one who commits evil and the good to the one who does good. Therefore, what should a man complain about, if not about his sins?

[29] רש"י - **נִשָּׂא לְבָבֵנוּ אֶל כַּפָּיִם.** כְּשֶׁאָנוּ נוֹשְׂאִים אֶת כַּפֵּינוּ אֶל הַשָּׁמַיִם, נִשָּׂא אַף לְבָבֵנוּ עִמָּהֶם לָשׁוּב, לְהָשִׁיב לְבָבֵנוּ לִפְנֵי הַמָּקוֹם בָּרוּךְ הוּא. דָּבָר אַחֵר: "אֶל כַּפַּיִם" אֶל הָעֲנָנִים, אֶל שָׁמַיִם, כְּמָה דְאַתְּ אָמַר "וְהִנֵּה עָב קְטַנָּה כְּכַף אִישׁ עֹלָה", וְכֵן "עַל כַּפַּיִם כִּסָּה אוֹר". וּמִדְרַשׁ רַבּוֹתֵינוּ: נִשָּׂא לְבָבֵנוּ בֶּאֱמֶת לְהַקָּדוֹשׁ בָּרוּךְ הוּא כְּאָדָם הָרוֹחֵץ בְּנִקְיוֹן כַּפָּיו, שֶׁמַּשְׁלִיךְ מִיָּדָיו כָּל טִנּוּף, כִּי מוֹדֶה וְעוֹזֵב יְרֻחָם, וְהַמּוֹדֶה וְאֵינוּ עוֹזֵב, כְּטוֹבֵל וְשֶׁרֶץ בְּיָדוֹ:

Let us lift up our hearts to our hands When we lift up our hands to heaven, let us also lift up our hearts with them, to return, to bring back our hearts before the Omnipresent, blessed be He. Another explanation: to our hands to the clouds, to the heavens, as Scripture states: "There is a cloud as small as a man's palm, rising." And similarly: "Over the clouds כַּפַּיִם He covers the rain." And according to the Midrash of our Sages: Let us lift up our hands sincerely to the Holy One, blessed be He, like one who washes his hands with cleanliness, who casts from his hands all contamination, for "he who confesses his sins and abandons them will obtain mercy, but he who confesses his sins but does not abandon them is like one who immerses himself while holding a dead reptile in his hand."

בּוּב. נַחְנוּ[30] פָּשַׁעְנוּ וּמָרִינוּ אַתָּה לֹא סָלָחְתָּ:

We have transgressed and rebelled, And You have not forgiven.

בּוּג. סַכֹּתָה[31] בָאַף וַתִּרְדְּפֵנוּ הָרַגְתָּ לֹא חָמָלְתָּ:

You have clothed Yourself in anger and pursued us, you have slain without pity.

בּוּד. סַכֹּתָה בֶעָנָן לָךְ מֵעֲבוֹר תְּפִלָּה:

You have screened Yourself off with a cloud, that no prayer may pass through.

בּוּה. סְחִי[32] וּמָאוֹס תְּשִׂימֵנוּ בְּקֶרֶב הָעַמִּים:

You have made us filth and refuse in the midst of the peoples.

בּוּו. פָּצוּ עָלֵינוּ פִּיהֶם כָּל־אֹיְבֵינוּ:

---

[30] רש"י - **נַחְנוּ פָּשַׁעְנוּ וּמָרִינוּ.** זֶה דַרְכֵּנוּ עַל יְדֵי יֵצֶר הָרָע: **אַתָּה לֹא סָלָחְתָּ.** וּלְךָ הָיָה נָאֶה הַסְּלִיחָה, כִּי כֵן דַּרְכֶּךָ:

We have rebelled and have been disob edient This is our way, that we sinned because of the evil inclination. **You** have not forgiven And for You, forgiveness is fitting, for so is Your way.

[31] רש"י - **סַכֹּתָה בָאַף.** חָצַצְתָּ אֶת הָאַף לִהְיוֹת מְחִיצָה בֵּינְךָ וּבֵינֵינוּ, וַתִּרְדְּפֵנוּ בּוֹ:

You have enveloped Yourself with anger You set anger up to be a barrier between You and us, and You pursued us with it.

[32] רש"י - **סְחִי וּמָאוֹס.** הוּא נִיע בִּלְשׁוֹן מִשְׁנָה: "כִּיחוֹ וְנִיעוֹ", שֶׁנִּפְסָח מִתּוֹךְ הָרֵיאָה וְיוֹצֵא דֶּרֶךְ הַגָּרוֹן: **תְּשִׂימֵנוּ.** לְשׁוֹן הֹוֶה הוּא:

Scum and refuse That is נִיע in the language of the Mishnah, כִּיחוֹ וְנִיעוֹ, his phlegm and his mucus, which is drawn out from the lungs and emitted from the throat. **You** make us This is in the present tense.

All our enemies loudly Rail against us.

מז. **בַּחַד**[33] וָפַחַת הָיָה לָנוּ הַשֵּׁאת וְהַשָּׁבֶר:

Panic and pitfall are our lot, Death and destruction.

מזז. פַּלְגֵי־מַיִם֙ תֵּרַד עֵינִ֔י עַל־שֶׁבֶר בַּת־עַמִּי:

My eyes shed streams of water Over the ruin of my poor people.

מט. עֵינִי נִגְּרָה וְלֹא תִדְמֶה מֵאֵין[34] הֲפֻגוֹת:

My eyes shall flow without cease, Without respite.

נ. עַד־יַשְׁקִיף וְיֵרֶא יְהֹוָה מִשָּׁמָיִם:

Until the LORD looks down and beholds from heaven.

נא. עֵינִי֙[35] עוֹלְלָה לְנַפְשִׁי מִכֹּל בְּנוֹת עִירִי:

____

[33] רש"י - **פַּחַד וָפַחַת.** כְּשֶׁנַּסְנוּ מִפְּנֵי הַפַּחַד, נָפַלְנוּ אֶל הַפַּחַת, שׁוּחָה: **הַשֵּׁאת.** לְשׁוֹן שְׁאִיָּה, כְּמוֹ הַשֵּׁאת:

We had terror and pitfalls When we fled because of the terror, we fell into the pit. **Desolation** Heb. הַשֵּׁאת, an expression of desolation שְׁאִיָּה.

[34] רש"י - **מֵאֵין הֲפֻגוֹת.** מֵאֵין חֲלִיפִין וְהַעֲבָרָה:

Without respite without change or cessation.

[35] רש"י - **עֵינִי עוֹלְלָה לְנַפְשִׁי מִכֹּל בְּנוֹת עִירִי.** יִרְמְיָה מִמִּשְׁפַּחַת כֹּהֲנִים הָיָה, וְאָמַר: "עֵינִי" בְּדִמְעָה "עוֹלְלָה" וְנִוְלָה פָנַי עָלַי נַפְשִׁי "מִכֹּל בְּנוֹת עִירִי". עוֹלְלָה. לְשׁוֹן נִוּוּל, כְּמוֹ "וְעֹלַלְתִּי בֶעָפָר קַרְנִי": **מִכֹּל בְּנוֹת עִירִי.** מִשְׁפַּחְתִּי יֵשׁ לָהּ לִבְכּוֹת מִכֹּל מִשְׁפָּחוֹת הָעִיר, שֶׁהָיְתָה נִבְחֶרֶת לִקְדֻשָּׁה וְלַעֲבוֹדַת הַקָּדוֹשׁ בָּרוּךְ הוּא מִכָּל יִשְׂרָאֵל:

My eye sullies my soul more than all the daughters of my city Jeremiah was from a priestly family, and he said, "My eye, with its tears, sullies my face over myself more than all the daughters of my city." **Sullies** Heb. עוֹלְלָה, an expression of sullying, like: "and sullied וְעוֹלַלְתִּי my

My eyes have brought me grief Over all the maidens of my city.

נב. צוֹד צָדֽוּנִי כַּצִּפּֽוֹר אֹיְבַי חִנָּם:

My foes have snared me like a bird, Without any cause.

נג. צָמְתוּ[36] בַבּוֹר חַיָּי וַיַּדּוּ־אֶבֶן בִּי:

They have ended my life in a pit and cast stones at me.

נד. צָפוּ־מַיִם[37] עַל־רֹאשִׁי אָמַרְתִּי נִגְזָרְתִּי:

---

radiance." **More** than all the daughters of my city My family has more to cry for than all the daughters of the city, for it was chosen for sanctity and for the service of the Holy One, blessed be He, over all Israel.

[36] רש"י - **צָמְתוּ בַבּוֹר חַיָּי**. בְּבֵית הַכֶּלֶא. צָמְתוּ. אָסְרוּ, כְּמוֹ: "צוֹמֶת הַגִּידִין" "מְבַעַד לְצַמָּתֵךְ אירייסו"ר: **וַיַּדּוּ אֶבֶן בִּי**. עַל פִּי הַבְּאֵר. כַּךְ עָשׂוּ לְדָנִיֵּאל, וְיִרְמְיָה רָאָה בְּרוּחַ הַקֹּדֶשׁ: **צָמְתוּ בַבּוֹר חַיָּי**. וְאַף עַל פִּי שֶׁתָּמְתוּ בַבּוֹר חַיָּי, שֶׁאֵינִי יָכוֹל לַעֲלוֹת מִתּוֹכוֹ, לֹא שָׁתוּ לִבָּם גַּם לָזֹאת עַד שֶׁיַּדּוּ אֶבֶן בִּי:

They have confined my life in the dungeon Heb. בַּבּוֹר, in prison. **They** have confined Heb. צָמְתוּ, they bound, like the junction צֹמֶת of the sinews: "from within your kerchief לְצַמָּתֵךְ," estreyture in Old French, restriction, tightening. **And** have cast a stone upon me on the mouth of the dungeon. That is what they did to Daniel, and Jeremiah foresaw it with the holy spirit. **They** have confined my life in the dungeon and although they confined my life in the dungeon so that I cannot ascend from within it, they did not pay attention to this until they cast a stone upon me.

[37] רש"י - **צָפוּ מַיִם וְגוֹ'**. שֶׁבִּזְמַן שֶׁבָּא אָדָם עַד בְּמַיִם עַד מָתְנָיו, עֲדַיִן יֵשׁ תִּקְוָה, אֲבָל אִם צָפוּ הַמַּיִם עַל רֹאשׁוֹ, אָז אוֹמֵר "אָבְדָה תִקְוָתִי". אֲבָל אֲנִי אֵינִי עוֹשֶׂה כֵן, אֶלָּא "קָרָאתִי וְגוֹ'": **צָפוּ מַיִם**. עַכּוּ"ם:

Water flowed, etc. When a person enters water up to his waist, he still has hope, but if the water flows over his head, he then says, "My hope is gone," but I do not do this, for "I called, etc." **Water** flowed the heathens.

Waters flowed over my head; I said: I am lost.

נה. קָרָ֧אתִי שִׁמְךָ֛ יְהֹוָ֖ה מִבּ֥וֹר תַּחְתִּיּֽוֹת׃

I have called on Your name, O LORD, From the depths of the Pit.

נו. קוֹלִ֣י שָׁמָ֑עְתָּ אַל־תַּעְלֵ֧ם אׇזְנְךָ֛ לְרַוְחָתִ֖י לְשַׁוְעָתִֽי׃

Hear my plea; Do not shut Your ear To my groan, to my cry.

נז. קָרַ֙בְתָּ֙ בְּי֣וֹם אֶקְרָאֶ֔ךָ אָמַ֖רְתָּ אַל־תִּירָֽא׃

You have ever drawn nigh when I called You; You have said, Do not fear.

נח. רַ֧בְתָּ אֲדֹנָ֛י רִיבֵ֥י נַפְשִׁ֖י גָּאַ֥לְתָּ חַיָּֽי׃

You championed my cause, O Lord, you have redeemed my life.

נט. רָאִ֙יתָה֙ יְהֹוָה֙ עַוָּ֣תָתִ֔י שׇׁפְטָ֖ה מִשְׁפָּטִֽי׃

---

[38] רש"י - **קָרַבְתָּ בְּיוֹם אֶקְרָאֶךָ**. כָּךְ הָיִיתָ רָגִיל בַּיָּמִים הָרִאשׁוֹנִים, לִקְרַב אֵלַי בְּיוֹם קָרְאִי:
You did draw near when I called on You So were You accustomed in the early days to draw near to me on the day I called.

[39] רש"י - **רַבְתָּ ה' רִיבֵי נַפְשִׁי**. בַּיָּמִים שֶׁעָבְרוּ:
You did plead my cause in days past.

[40] רש"י - **רָאִיתָה ה' עַוָּתָתִי**. בַּצָּרָה הַזֹּאת שֶׁעִוְּתוּ בִּי אוֹיְבַי: **שָׁפְטָה מִשְׁפָּטִי**. כַּאֲשֶׁר עָשִׂיתָ כְּבָר:
You have seen wrong done to me, O Lord In this trouble, that my enemies wronged me. **Judge** my cause as You have already done in times past.

You have seen, O LORD, the wrong done me; Oh, vindicate my right.

ס. רָאִיתָה כָּל־נִקְמָתָם כָּל־מַחְשְׁבֹתָם לִי:

You have seen all their malice, All their designs against me.

סא. שָׁמַעְתָּ חֶרְפָּתָם יְהֹוָה כָּל־מַחְשְׁבֹתָם עָלָי:

You have heard, O LORD, their taunts, All their designs against me.

סב. שִׂפְתֵי קָמַי וְהֶגְיוֹנָם עָלַי כָּל־הַיּוֹם:

The mouthings and pratings of my adversaries Against me all day long.

סג. שִׁבְתָּם וְקִימָתָם הַבִּיטָה אֲנִי מַנְגִּינָתָם:

See how, at their ease or at work, I am the butt of their gibes.

סד. תָּשִׁיב לָהֶם גְּמוּל יְהֹוָה כְּמַעֲשֵׂה יְדֵיהֶם:

Give them, O LORD, their deserts According to their deeds.

סה. תִּתֵּן [41] לָהֶם מְגִנַּת־לֵב תַּאֲלָתְךָ לָהֶם:

---

[41] רַשִׁ"י - **מְגִנַּת לֵב**. שֶׁבֶר לֵב, כְּמָה דְּאַתְּ אָמַר "אֲמַגֶּנְךָ יִשְׂרָאֵל", אֲשֶׁר מִגֵּן צָרֶיךָ בְּיָדֶךָ. דָּבָר אַחֵר: "מְגִנַּת לֵב". אֹטֶם הַלֵּב, צָרָה וַאֲנָחָה, אֲשֶׁר הִיא כְּמָגֵן כְּנֶגֶד לִבָּם. וְהַמְּפָרְשׁוֹ בִּלְשׁוֹן תּוּגָה וְיָגוֹן טוֹעֶה, שֶׁאֵין נוּ"ן נוֹפֶלֶת בּוֹ, שֶׁהַנּוּ"ן בְּיָגוֹן אֵינָה שֹׁרֶשׁ אֶלָּא כְּגוֹן נוּ"ן שֶׁל "הָמוֹן" מִגִּזְרַת "הָמוּ גוֹיִם" וּכְגוֹן נוּ"ן שֶׁל "קָלוֹן" מִגִּזְרַת "נִקְלָה", וּכְנוּ"ן שֶׁל "צִיּוֹן"

Give them anguish of heart; Your curse be upon them.

סו. תִּרְדֹּף בְּאַף וְתַשְׁמִידֵם מִתַּחַת שְׁמֵי יְהֹוָה:

Oh, pursue them in wrath and destroy them From under the heavens of the LORD.

מִגִּזְרַת "צִיָּה", וְכֵן נו"ן שֶׁל "שִׁבָּרוֹן" מִגִּזְרַת "שָׁבַר", וּכְגוֹן נו"ן שֶׁל "שָׁמָּמוֹן", "שָׁגָּעוֹן" נִרְאֶה לִי שֶׁכֵּן צָרִיךְ לִקְרוֹא וְקַל לְהָבִין: **תַּאֲלָתְךָ**. לְשׁוֹן "נוֹאֲלוּ שָׂרֵי צֹעַן:

Give them a weakness of heart Heb. מְגִנַּת לֵב, a breaking of the heart, as Scripture says: "I shall break you אֲמַגֶּנְךָ, O Israel": "who broke מִגֵּן your adversaries in your hand." Another explanation: מְגִנַּת לֵב, stopping up of the heart, trouble and sighing, which are like a shield against the heart. But he who explains it as an expression of grief תּוּגָה וְיָגוֹן is in error, for there is no "nun" in this word, for the "nun" in יָגוֹן is not a radical, but is like the "nun" of הָמוֹןfrom the root of הָמוּ גוֹיִם and like קָלוֹןfrom the root of נִקְלָה, and like the "nun" of צִיּוֹן from the root of צִיָּה and so the "nun" of שִׁבָּרוֹן from the root of שָׁבַר and like the "nun" of שָׁגָעוֹן, שָׁמָּמוֹן. It appears to me that this is the correct reading, and this is easy to understand. **Your** curse an expression of: נוֹאֲלוּ שָׂרֵי צֹעַן, "The princes of Zoan have become foolish."

פֶּרֶק ד Chapter 4

א. אֵיכָה יוּעַם זָהָב יִשְׁנֶא הַכֶּתֶם הַטּוֹב תִּשְׁתַּפֵּכְנָה אַבְנֵי־קֹדֶשׁ בְּרֹאשׁ כָּל־חוּצוֹת:

Alas, The gold is dulled, Debased the finest gold! The sacred gems are spilled At every street corner.

ב. בְּנֵי צִיּוֹן הַיְקָרִים הַמְסֻלָּאִים בַּפָּז אֵיכָה נֶחְשְׁבוּ לְנִבְלֵי־חֶרֶשׂ מַעֲשֵׂה יְדֵי יוֹצֵר:

רש"י - **אֵיכָה יוּעַם זָהָב**. קִינָה זוֹ נֶאֶמְרָה עַל יֹאשִׁיָּהוּ, כְּמוֹ שֶׁנֶּאֱמַר בְּדִבְרֵי הַיָּמִים "וְהִנָּם כְּתוּבִים עַל הַקִּינוֹת". וְעִמָּהּ חִבֵּר בְּתוֹךְ הַקִּינָה אֶת שְׁאָר בְּנֵי צִיּוֹן: **יוּעַם**. יִכְהֶה, כְּמוֹ דְאַתְּ מְתַרְגֵּם "כֵּהָה" עֲמָיָא: **זָהָב**. מַרְאִית פָּנִים הַמַּצְהִיב כְּזָהָב: **יִשְׁנֶא**. יִשְׁתַּנֶּה מִמַּרְאִיתוֹ: **הַכֶּתֶם**. קְבוּצַת כְּלֵי נוֹי הַזָּהָב שֶׁהֵם לַעֲדִי, קָרוּי כֶּתֶם: **אַבְנֵי קֹדֶשׁ**. בָּנִים הַמְּאִירִים כַּאֲבָנִים טוֹבוֹת וּמִדְרַשׁ אַגָּדָה - כָּל רְבִיעִית דָּם שֶׁיָּצָא מִיֹּאשִׁיָּהוּ בְּכָל חֵץ וָחֵץ שֶׁנָּעֲצוּ בוֹ הָיָה יִרְמְיָה קוֹבְרָהּ בִּמְקוֹמָהּ, וְעָלֶיהָ הוּא קוֹרֵא: "תִּשְׁתַּפֵּכְנָה אַבְנֵי קֹדֶשׁ":

How dim the gold has become This elegy was recited about Josiah, as it is stated: "Behold it is written in the Book of Lamentations," and with it he joined, in the midst of the elegy, the rest of the children of Zion. **Dim** Heb. יוּעַם, dim, as where כֵּהָה is translated by the Targum as עֲמָיָא. **Gold** the appearance of a face that shines like gold. **Changed** Heb. יִשְׁנֶא, changes its appearance. **The** gold jewelry Heb. הַכֶּתֶם. A collection of beautiful gold articles used as ornamentation is called הַכֶּתֶם. **The** holy stones children who shine like precious stones, and the Midrash Aggadah states: Every fourth part of a log of blood that came out of Yosiah with each arrow that they thrust into him, Jeremiah buried in its place, and he called out concerning it, "the holy stones are scattered."

רש"י - **הַמְסֻלָּאִים בַּפָּז**. הַמְהֻלָּלִים וְהַנֶּעֱרָכִים כְּפָז. הָרוֹאֶה אוֹתָם אוֹמֵר - "רְאוּ תָּאֳרָם שֶׁל אֵלּוּ כְּמַרְאִית פָּז". וְכֵן "לֹא תְסֻלֶּה בְּכֶתֶם אוֹפִיר", "בְּכֶתֶם טָהוֹר לֹא תְסֻלֶּה" "סֹלּוּ לָרֹכֵב בָּעֲרָבוֹת", לְשׁוֹן הִלּוּל וְעֵרֶךְ הֵן: **לְנִבְלֵי חֶרֶשׂ**. כַּדֵּי חֶרֶשׂ שֶׁנּוֹתְנִים בָּהֶם יַיִן, כְּגוֹן נִבְלֵי יַיִן "וְנִבְלֵיהֶם יְנַפֵּצוּ":

Praised with gold who were praised and equated with gold. Whoever saw them said, "See, the complexion of these is like the appearance of gold," and so: "It cannot be praised תְסֻלֶּה with

55

The precious children of Zion; Once valued as gold Alas, they are accounted as earthen pots, Work of a potter's hands.

ג. גַּם³ [כתיב תנין] קרי תַנִּים֙ חָֽלְצוּ שַׁד הֵינִ֣יקוּ גּֽוּרֵיהֶ֑ן בַּת־עַמִּ֣י לְאַכְזָ֔ר [כתיב כי ענים] קרי כַּיְעֵנִ֖ים בַּמִּדְבָּֽר׃

Even jackals offer the breast and suckle their young; But my poor people has turned cruel, Like ostriches of the desert.

ד. דָּבַ֨ק לְשׁ֥וֹן יוֹנֵ֛ק אֶל־חִכּ֖וֹ בַּצָּמָ֑א עֽוֹלָלִים֙ שָׁ֣אֲלוּ לֶ֔חֶם פֹּרֵ֖שׂ אֵ֥ין לָהֶֽם׃

The tongue of the suckling cleaves to its palate for thirst. Little children beg for bread; None gives them a morsel.

---

jewelry of Ophir"; "it cannot be praised תְּסֻלֶּה with jewelry of fine gold"; and: "praise סֹלּוּ Him Who rides in Aravoth"; these are expressions of praise and value. **Earthen** pitchers Heb. נִבְלֵי, earthen pitchers in which they pour wine, like wine flasks: "and they shall smash their jars נִבְלֵיהֶם."

³ רש״י - **גַּם תַּנִּין**. אַף עַל פִּי שֶׁאַכְזָרִי הוּא, חָלְצוּ שַׁד. כְּשֶׁרוֹאֶה אֶת בְּנוֹ בָּא מֵרָחוֹק רָעֵב, חוֹלֵץ שָׁדָיו מִתּוֹךְ נַרְתִּיקוֹ, שֶׁיֵּשׁ לוֹ כִּסּוּי עַל דַּדָּיו וּמוֹצִיאוֹ מִתּוֹכוֹ, כְּדֵי שֶׁלֹּא יִרְאֵהוּ בְּנוֹ מְכֻסֶּה וְיַחֲזוֹר לַאֲחוֹרָיו, וְהֵינִיקוּ גּוּרֵיהֶן: **בַּת עַמִּי לְאַכְזָר**. רוֹאִים אֶת בְּנֵיהֶם צוֹעֲקִים לְלֶחֶם, וְאֵין פּוֹרֵשׂ לָהֶם, שֶׁחַיֵּיהֶם קוֹדְמִים לָהֶם לְחַיֵּי בְנֵיהֶם מֵחֲמַת הָרָעָב׃

Even the sea-monsters Even though it is cruel, it offers the breast. When it sees its hungry offspring coming from afar, it uncovers its breasts from their sheath, for it has a cover over its breasts, and draws them out so that its offspring should not see them covered up and retreat. And then they suckle their young. **The** daughter of my people has become cruel They see their children crying for bread, and they do not break it for them, for their own lives come before their children's lives because of the hunger.

ה. הָאֹכְלִים֙ לְמַֽעֲדַנִּ֔ים נָשַׁ֖מּוּ בַּֽחוּצ֑וֹת הָאֱמֻנִים֙ עֲלֵ֣י תוֹלָ֔ע חִבְּק֖וּ אַשְׁפַּתּֽוֹת:

Those who feasted on dainties Lie famished in the streets; Those who were reared in purple Have embraced refuse heaps.

ו. וַיִּגְדַּל֙ עֲוֺ֣ן בַּת־עַמִּ֔י מֵֽחַטַּ֖את סְדֹ֑ם הַֽהֲפוּכָ֣ה כְמוֹ־רָ֔גַע וְלֹא־חָ֥לוּ בָ֖הּ יָדָֽיִם:

The guilt of my poor people Exceeded the iniquity of Sodom, which was overthrown in a moment, without a hand striking it.

ז. זַכּ֤וּ נְזִירֶ֨יהָ֙ מִשֶּׁ֔לֶג צַח֖וּ מֵֽחָלָ֑ב אָ֤דְמוּ עֶ֨צֶם֙ מִפְּנִינִ֔ים

---

⁴ רַשִׁ"י - **הָאֱמֻנִים עֲלֵי תוֹלָע.** עַל בִּגְדֵי צִבְעוֹנִין: **הָאֱמֻנִים.** לְשׁוֹן "וַיְהִי אֹמֵן אֶת הֲדַסָּה: **אַשְׁפַּתּוֹת.** אַשְׁפּוֹת שֶׁל זֶבֶל. שׁוֹכְבִים עַל הָאַשְׁפּוֹת בַּחוּץ:

They that were reared on crimson on colored garments. **They** that were reared Heb. הָאֱמֻנִים. An expression similar to: "And he brought up אֹמֵן Hadassah." **Clasp** the dunghills heaps of dung; they lie on the dunghills in the street.

⁵ רַשִׁ"י - **וַיִּגְדַּל עֲוֺן וְגוֹ'.** פֻּרְעָנוּתָם מוֹכִיחַ עֲלֵיהֶם שֶׁגָּדוֹל עֲוֺנָם מִשֶּׁל סְדוֹם: **הַהֲפוּכָה כְמוֹ רָגַע.** שֶׁהֲרֵי סְדוֹם לֹא נִמְשְׁכָה צָרָתָם. כְּרֶגַע אֶחָד נֶהֶפְּכָה: **וְלֹא חָלוּ בָהּ יָדָיִם.** יְדֵי הָאוֹיֵב, כִּי עַל יְדֵי הַמַּלְאָכִים נֶהֶפְּכָה. וְיֵשׁ מִדְרְשֵׁי אַגָּדָה, וְאֵינוֹ מְיֻשָּׁב עַל סֵדֶר הַמִּקְרָאוֹת:

The iniquity of my people is greater, etc. Their punishment proves about them that their iniquity is greater than that of Sodom. **Which** was overthrown as in a moment The distress of Sodom was not prolonged; it was overthrown as in one moment. **And** no hands fell on her the hands of the enemy, but through angels it was overthrown. There are also Aggadic midrashim, but they do not fit the sequence of the verses.

⁶ רַשִׁ"י - **זַכּוּ נְזִירֶיהָ.** שָׂרֶיהָ, כְּמוֹ נֶזֶר וְכֶתֶר. וַאֲנִי אוֹמֵר, נְזִירֶיהָ מַמָּשׁ, שֶׁהָיוּ מְגַדְּלֵי שֵׂעָר וְנָאִים בְּיוֹתֵר, וּמוּסָב עַל "בַּת עַמִּי": **אָדְמוּ עֶצֶם מִפְּנִינִים.** אוֹתָם שֶׁהָיוּ מַרְאֵיהֶם אָדוֹם מִפְּנִינִים וְגִזְרָתָם כְּמוֹ סַפִּיר, חָשַׁךְ תָּאֳרָם מִפֶּחָמִים:

סַפִּיר גִּזְרָתָם:

Her elect was purer than snow, whiter than milk; Their limbs were ruddier than coral, their bodies were like sapphire.

ז. חָשַׁךְ מִשְּׁחוֹר תָּאֳרָם לֹא נִכְּרוּ בַּחוּצוֹת צָפַד עוֹרָם עַל־עַצְמָם יָבֵשׁ הָיָה כָעֵץ:

Now their faces are blacker than soot, they are not recognized in the streets; Their skin has shriveled on their bones, It has become dry as wood.

ח. טוֹבִים הָיוּ חַלְלֵי־חֶרֶב מֵחַלְלֵי רָעָב שֶׁהֵם יָזֻבוּ מְדֻקָּרִים מִתְּנוּבֹת שָׂדָי:

Her Nazirites were purer Heb. נְזִירֶיהָ, her princes, like נֵזֶר and כֶּתֶר, a crown, but I say that it means real Nazirites, who had long hair and were remarkably handsome, and the antecedent is "the daughter of my people." **Their** appearance was ruddier than coral Those whose appearance was ruddier than coral and whose forms were like sapphire - their complexions became darker than charcoal.

רש"י - **מִשְּׁחוֹר.** הוּא פֶּחָם: **עֶצֶם.** לְשׁוֹן מַרְאֶה, כְּמוֹ "וּכְעֶצֶם הַשָּׁמַיִם לָטֹהַר", קול"ר בְּלַע"ז: **צָפַד.** נִקְמַט וְנִתְחַבֵּר, וְאֵין לוֹ דִמְיוֹן:

Black charcoal Heb. מִשְּׁחוֹר. This is charcoal. **Appearance** Heb. עֶצֶם, an expression of appearance, like: "like the appearance of וּכְעֶצֶם the heavens in purity"; couleur in French, color, complexion. **Is** shriveled Heb. צָפַד, shriveled and adhered, and there is no similar word.

רש"י - **שֶׁהֵם יָזֻבוּ מְדֻקָּרִים וְגו'.** חַלְלֵי הָרָעָב הָיוּ נְפוּחִים מֵרִיחַ תְּנוּבוֹת הַשָּׂדֶה, שֶׁהָיוּ הָאוֹיְבִים צוֹלִים בָּשָׂר עַל הָעֲשָׂבִים חוּץ לַחוֹמָה, וְהָרֵיחַ נִכְנָס בְּתוֹךְ נְפוּחֵי הָרָעָב וּכְרֵסָן נִבְקַעַת, וּפֵרְשָׁם זָב, וַהֲרֵי זֶה מִיתַת נִוּוּל יוֹתֵר מֵהֲרוּגֵי חֶרֶב: **מְדֻקָּרִים.** מְבֻקָּעִים. בֵּין נְפִיחַת רָעָב בֵּין בִּקּוּעַ חֶרֶב קְרוּיָה דְּקִירָה: **מִתְּנוּבֹת שָׂדָי.** מְשָׁרְשִׁים וַעֲשָׂבִים שֶׁמְּלַקְטִים וְאוֹכְלִים, רַב פֵּרְשָׁם וּמְאוֹסָם:

Better off were the slain of the sword Than those slain by famine, who pined away, as though wounded, For lack of the fruits of the field.

י. יְדֵי נָשִׁים רַחֲמָנִיּוֹת בִּשְּׁלוּ יַלְדֵיהֶן הָיוּ לְבָרוֹת לָמוֹ בְּשֶׁבֶר בַּת־עַמִּי:

With their own hands, tender hearted women Have cooked their children; Such became their fare, In the disaster of my poor people.

יא. כִּלָּה יְהֹוָה אֶת־חֲמָתוֹ שָׁפַךְ חֲרוֹן אַפּוֹ וַיַּצֶּת־אֵשׁ בְּצִיּוֹן וַתֹּאכַל יְסֹדֹתֶיהָ:

The LORD vented all His fury, poured out His blazing wrath; He kindled a fire in Zion Which

---

For they ooze, pierced, etc. The victims of hunger were swollen from the smell of the fruits of the field, for the enemies would roast meat on the grass outside the wall, and the aroma would go into those swollen from hunger, and their stomachs would split, and their feces would ooze. Now this is a more ignoble death than those who are slain by the sword. **Pierced** Heb. מְדֻקָּרִים. Being split either by the swelling of hunger or by the stabbing of the sword is called דְּקִירָה, piercing. **By** the fruits of the field Because of the roots and grasses that they gathered and ate, their feces increased and were loathsome.

רש"י - **לְבָרוֹת.** לְמַאֲכָל, כְּמוֹ "וְלֹא בָרָה אֹתָם לָחֶם", "לְהַבְרוֹת אֶת דָּוִד:
Food Heb. לְבָרוֹת, for food, like: "Neither did he eat בָרָה bread with them"; and: "to serve לְהַבְרוֹת David bread."

רש"י - **כִּלָּה ה' אֶת חֲמָתוֹ.** אֲשֶׁר בָּעֲרָה בוֹ כַּמָּה שָׁנִים, עַתָּה כִלָּה אוֹתָהּ בְּהִנָּקְמוֹ מֵהֶם:
The Lord has spent His fury which burned in Him for many years; He now spent it when He avenged Himself upon them.

consumed its foundations.

יב. לֹא הֶאֱמִינוּ֙ מַלְכֵי־אֶ֔רֶץ [כתיב וכל] קרי כֹּל יֹשְׁבֵי תֵבֵ֑ל כִּי יָבֹא֙ צַ֣ר וְאוֹיֵ֔ב בְּשַׁעֲרֵי יְרוּשָׁלָֽם׃

The kings of the earth did not believe. Nor any of the inhabitants of the world, that foe or adversary could enter the gates of Jerusalem.

יג. מֵחַטֹּאות[11] נְבִיאֶ֔יהָ עֲוֹנֹ֖ת כֹּהֲנֶ֑יהָ הַשֹּׁפְכִ֥ים בְּקִרְבָּ֖הּ דַּ֥ם צַדִּיקִֽים׃

It was for the sins of her prophets, The iniquities of her priests. Who had shed in her midst The blood of the just.

יד. נָעֽוּ[12] עִוְרִים֙ בַּֽחוּצ֔וֹת נְגֹֽאֲל֖וּ בַּדָּ֑ם בְּלֹ֣א יֽוּכְל֔וּ יִגְּע֖וּ בִּלְבֻשֵׁיהֶֽם׃

They wandered blindly through the streets. Defiled with blood, so that no one was able to touch their

---

[11] רש"י - **מֵחַטֹּאת נְבִיאֶיהָ.** שֶׁל שֶׁקֶר, הָיְתָה לָהּ הָרָעָה הַזֹּאת׃
For the sins of her prophets. Because of the sins of her, false prophets, this evil has befallen her.

[12] רש"י - **נָעוּ עִוְרִים בַּחוּצוֹת.** כְּשֶׁהָיוּ הָעִוְרִים הוֹלְכִים בַּשּׁוּק, הָיוּ נָעִים, וְרַגְלֵיהֶם נִשְׁמָטִים בְּדַם הַהֲרוּגִים שֶׁהָיוּ הָרְשָׁעִים הוֹרְגִים בְּתוֹכָהּ׃ **נְגֹאֲלוּ בַּדָּם.** נִתְלַכְלְכוּ בַּדָּם, עַד אֲשֶׁר לֹא יָכְלוּ הַקְּרוֹבִים אֲלֵיהֶם לִגַּע בִּלְבוּשֵׁיהֶם, וְהָיוּ קוֹרְאִים אֲלֵיהֶם׃
The blind stagger through the streets When the blind would walk in the street, they staggered, and their feet slipped on the blood of the slain, whom the wicked were slaying in their midst. **They** are defiled with blood They were so sullied with blood that those near them could not touch their clothes, and would therefore call out to them.

garments.

טו. סוּרוּ[13] טָמֵא קָרְאוּ לָמוֹ סוּרוּ סוּרוּ אַל־תִּגָּעוּ כִּי נָצוּ גַּם־נָעוּ אָמְרוּ בַּגּוֹיִם לֹא יוֹסִפוּ לָגוּר:

Away, Unclean, people shouted at them, Away, Away, Touch not. So, they wandered and wandered again; For the nations had resolved: They shall stay here no longer.

טז. פְּנֵי[14] יְהֹוָה חִלְּקָם לֹא יוֹסִיף לְהַבִּיטָם פְּנֵי כֹהֲנִים לֹא נָשָׂאוּ [כתיב זְקֵנִים] וּזְקֵנִים קרי לֹא חָנָנוּ:

The LORD's countenance has turned away from them, He will look on them no more. They showed no regard for priests, No favor to elders.

---

[13] רש"י - **סוּרוּ**. מֵעָלֵינוּ, אַתֶּם הַטְּמֵאִים הַמְלֻכְלָכִים בַּדָּם: **כִּי נָצוּ**. לְשׁוֹן סִרְחוֹן וְלִכְלוּךְ, כְּמוֹ "מֵרְאָתוֹ בְּנֹצָתָהּ", דִּמְתַרְגְּמִינָן "בְּאוּכְלֵיהּ". כָּךְ חִבְּרוֹ מְנַחֵם: **גַּם נָעוּ**. נִשְׁמְטוּ בַדָּם:

Depart from us, your unclean ones, who are sullied with blood. **For** they are foul Heb. נָצוּ, an expression of foulness and filth, like: "its crop, בְּנֹצָתָהּ," which is translated by the Targum as בְּאוּכְלֵיהּ. So did Menahem associate it. **Even** slipping They slipped in the blood.

[14] רש"י - **פְּנֵי ה' חִלְּקָם**. פָּנִים שֶׁל זַעַם מֵאֵת הַקָּדוֹשׁ בָּרוּךְ הוּא חִלְּקָם וְהִפְרִידָם בָּעַכּוּ"ם לְמַעַן אֲשֶׁר פְּנֵי הַכֹּהֲנִים לֹא נָשָׂאוּ, בִּהְיוֹתָם בְּשַׁלְוָתָם:

The anger of the Lord divided them Heb. פְּנֵי, lit. the face of. The angry face of the Holy One, blessed be He, divided them and dispersed them among the heathens, because they did not respect the presence of the priests when they were in their state of tranquility.

יז. [כתיב עודינה] קרי עוֹדֵ֫ינוּ ¹⁵ תִּכְלֶ֫ינָה עֵינֵ֫ינוּ אֶל־עֶזְרָתֵ֫נוּ
הֶ֫בֶל בְּצִפִּיָּתֵ֫נוּ צִפִּ֫ינוּ אֶל־גּ֖וֹי לֹא יוֹשִׁעַ:

Even now our eyes pine away in vain for
deliverance. As we waited, still we wait for a nation
that cannot help.

יז. צָדוּ ¹⁶ צְעָדֵ֫ינוּ מִלֶּ֫כֶת בִּרְחֹבֹתֵ֫ינוּ קָרַב קִצֵּ֫נוּ מָלְא֣וּ
יָמֵ֫ינוּ כִּי־בָ֥א קִצֵּֽנוּ:

Our steps were checked, we could not walk in our

---

¹⁵ רש"י - **עוֹדֵינוּ תִּכְלֶינָה עֵינֵינוּ אֶל עֶזְרָתֵנוּ הֶבֶל.** כְּשֶׁבָּאָה עָלֵינוּ הָרָעָה, עֲדַיִן הָיוּ
עֵינֵינוּ צוֹפוֹת אֶל חֵיל פַּרְעֹה, שֶׁנֶּאֱמַר בָּהֶם "וּמִצְרַיִם הֶבֶל וָרִיק יַעְזֹרוּ", שֶׁהָיוּ
מַבְטִיחִים אוֹתָנוּ לְעֶזְרָה וְלֹא בָאוּ, כְּמוֹ שֶׁנֶּאֱמַר בָּהֶם "הִנֵּה חֵיל פַּרְעֹה הַיֹּצֵא לָכֶם
לְעֶזְרָה שָׁב לְאַרְצוֹ מִצְרָיִם". מָצִינוּ בְּמִדְרַשׁ קִינוֹת שֶׁהָיוּ בָאִים בִּסְפִינוֹת. רָמַז הַקָּדוֹשׁ
בָּרוּךְ הוּא לַיָּם וְהֵצִיף לִפְנֵיהֶם נוֹדוֹת נְפוּחִים כְּמִין מֵעֵי אָדָם נִגְעָרִים בַּמַּיִם. אָמְרוּ זֶה
לָזֶה, "הַנּוֹדוֹת הַלָּלוּ הֵם אֲבוֹתֵינוּ אַנְשֵׁי מִצְרַיִם שֶׁטָּבְעוּ בַיָּם מֵחֲמַת הַיְּהוּדִים הַלָּלוּ,
וַאֲנַחְנוּ יוֹצְאִים לְעֶזְרָתָם?" עָמְדוּ וְחָזְרוּ לַאֲחוֹרֵיהֶם: **צִפִּינוּ.** חִכִּינוּ:

Our eyes still strained for our futile help When the evil befell us,
our eyes were still looking forward to Pharaoh's army, concerning
whom it is said: "And the Egyptians help in vain and to no
purpose," for they would promise us aid but they would not come,
as it is stated concerning them: "Behold, Pharaoh's army, which
has come out to aid you, is returning to its land, Egypt." We find
in Midrash Kinoth that they were coming in ships. The Holy One,
blessed be He, signaled to the sea and caused inflated flasks like
human intestines to float before them, moving around in the water.
They said to each other, "These flasks are our forefathers, the men
of Egypt who drowned in the sea because of these Jews, and we
are going out to aid them?" They stopped and turned around. **We**
hoped Heb. צִפִּינוּ, we waited.

¹⁶ רש"י - **צָדוּ צְעָדֵינוּ.** אוֹיְבֵינוּ אָרְבוּ אֶת צְעָדֵינוּ מִלֶּכֶת בִּרְחוֹבוֹתֵינוּ, כְּמוֹ "וַאֲשֶׁר
לֹא צָדָה", "וְאַתָּה צֹדֶה אֶת נַפְשִׁי":

They dogged our steps Heb. צָדוּ. Our enemies stalked our steps and
prevented us from walking in our streets, like: "but if he did not
lurk צָדָה"; and: "But you are stalking צֹדֶה my soul."

squares. Our doom is near, our days are done Alas,
our doom has come.

יט. קַלִּים הָיוּ רֹדְפֵינוּ מִנִּשְׁרֵי שָׁמָיִם עַל־הֶהָרִים
דְּלָקֻנוּ בַּמִּדְבָּר אָרְבוּ לָנוּ:

Our pursuers were swifter Than the eagles in the
sky; They chased us in the mountains, Lay in wait
for us in the wilderness.

כ. רוּחַ אַפֵּינוּ מְשִׁיחַ יְהֹוָה נִלְכַּד בִּשְׁחִיתוֹתָם אֲשֶׁר
אָמַרְנוּ בְּצִלּוֹ נִחְיֶה בַגּוֹיִם:

The breath of our life, the LORD's anointed, was
captured in their traps He in whose shade we had
thought To live among the nations.

כא. שִׂישִׂי וְשִׂמְחִי בַּת־אֱדוֹם [כתיב יושבתי] קרי יוֹשֶׁבֶת
בְּאֶרֶץ עוּץ גַּם־עָלַיִךְ תַּעֲבָר־כּוֹס תִּשְׁכְּרִי
וְתִתְעָרִי:

---

[17] רַשִׁ"י - **מְשִׁיחַ ה'**. הוּא יֹאשִׁיָּהוּ, כְּמוֹ שֶׁנֶּאֱמַר בְּדִבְרֵי הַיָּמִים "וַיְקוֹנֵן יִרְמְיָהוּ עַל
יֹאשִׁיָּהוּ": **בִּשְׁחִיתוֹתָם**. בַּגּוּמוֹת שֶׁחָפְרוּ:
The breath of our nostrils, the Lord's anointed That is Josiah, as it
is stated in Chronicles: "And Jeremiah lamented Yosiah." **In** their
pits in the pits that they dug.

[18] רַשִׁ"י - **שִׂישִׂי וְשִׂמְחִי בַּת אֱדוֹם**. נִתְנַבֵּא יִרְמְיָהוּ עַל חֻרְבַּן בַּיִת שֵׁנִי, שֶׁיַּחֲרִיבוּהוּ
רוֹמִיִּים: **שִׂישִׂי וְשִׂמְחִי**. לְפִי שָׁעָה, אֲבָל סוֹפֵךְ שֶׁגַּם עָלַיִךְ תַּעֲבֹר כּוֹס הַפֻּרְעָנוּת
וְתִשְׁכְּרִי מִמֶּנּוּ: **וְתִתְעָרִי**. וְתָקִיאִי, כְּמוֹ "וַתָּעַר כַּדָּהּ":
Rejoice and be glad, O daughter of Edom Jeremiah prophesied
about the destruction of the Second Temple, which the Romans
would destroy. **Rejoice** and be glad for the time being, but
ultimately, the cup of retribution will pass also over you, and you

Rejoice and exult, Fair Edom, who dwell in the land of Uz. To you, too, the cup shall pass, you shall get drunk and expose your nakedness.

כב. תַּם־עֲוֹנֵךְ[19] בַּת־צִיּוֹן לֹא יוֹסִיף לְהַגְלוֹתֵךְ פָּקַד עֲוֹנֵךְ בַּת־אֱדוֹם גִּלָּה עַל־חַטֹּאתָיִךְ:

Your iniquity, Fair Zion, is expiated; He will exile you no longer. Your iniquity, Fair Edom, He will note; He will uncover your sins.

---

will become drunk from it. **And** vomit Heb. וְתִתְעָרִי, like: "and she emptied וַתְּעַר her pitcher."

[19] רַשִׁ"י - **תַּם עֲוֹנֵךְ בַּת צִיּוֹן.** לָקִית עַל כָּל חַטֹּאתָיִךְ: **לֹא יוֹסִיף לְהַגְלוֹתֵךְ.** מִגָּלוּת אֱדוֹם וּלְהַלָּן עוֹד:

Your iniquity is complete, O daughter of Zion You suffered for all your sins. **He** will no longer send you into exile from the exile of Edom and further.

פֶּרֶק ה Chapter 5

א. זְכֹר יְהֹוָה מֶה־הָיָה לָנוּ [כתיב הַבֵּיט] קרי הַבִּיטָה וּרְאֵה אֶת־חֶרְפָּתֵנוּ:

Remember, O LORD, what has befallen us; Behold, and see our disgrace.

ב. נַחֲלָתֵנוּ נֶהֶפְכָה לְזָרִים בָּתֵּינוּ לְנָכְרִים:

Our heritage has passed to aliens, Our homes to strangers.

ג. יְתוֹמִים הָיִינוּ [כתיב אין] קרי וְאֵין אָב אִמֹּתֵינוּ כְּאַלְמָנוֹת:

We have become orphans, fatherless; Our mothers are like widows.

ד. מֵימֵינוּ בְּכֶסֶף שָׁתִינוּ עֵצֵינוּ בִּמְחִיר יָבֹאוּ:

We must pay to drink our own water, Obtain our own kindling at a price.

ה. עַל צַוָּארֵנוּ נִרְדָּפְנוּ יָגַעְנוּ [כתיב לא] קרי וְלֹא הוּנַח־לָנוּ:

---

[1] רש"י - **מֵימֵינוּ בְכֶסֶף שָׁתִינוּ**. שֶׁהָיִינוּ יְרֵאִים לִשְׁאוֹב מַיִם מִן הַנָּהָר מִפְּנֵי הָאוֹיְבִים, וְהָיִינוּ קוֹנִים מֵהֶם בְּכֶסֶף:

Our water we have drunk for payment We were afraid to draw water from the river because of the enemies; we therefore bought it from them with money.

[2] רש"י - **עַל צַוָּארֵנוּ נִרְדָּפְנוּ**. מֵעוֹל עֲבוֹדָה קָשָׁה: **יָגָעְנוּ**. לֶאֱסוֹף מָמוֹן וּנְכָסִים: **וְלֹא הוּנַח לָנוּ**. יְגִיעֵנוּ בְּיָדֵינוּ, כִּי הָאוֹיְבִים הָיוּ גוֹבִים וְחוֹטְפִים הַכֹּל בְּמִסִּים וְגֻלְגָּלִיּוֹת וְאַרְנוּנִיּוֹת:

We are pursued with a yoke on our necks because of the yoke of hard labor. **We** toil to gather money and property. **But** it does not

65

We are hotly pursued; Exhausted, we are given no rest.

ו. מִצְרַיִם' נָתַנּוּ יָד אַשּׁוּר לִשְׂבֹּעַ לָחֶם:

We hold out a hand to Egypt; To Assyria, for our fill of bread.

ז. אֲבֹתֵינוּ חָטְאוּ [כתיב אינם] קרי וְאֵינָם [כתיב אנחנו] קרי וַאֲנַחְנוּ עֲוֺנֹתֵיהֶם סָבָלְנוּ:

Our fathers sinned and are no more; And we must bear their guilt.

זז. עֲבָדִים' מָשְׁלוּ בָנוּ פֹּרֵק אֵין מִיָּדָם:

Slaves are ruling over us, with none to rescue us from them.

---

remain with us the fruits of our toil do not remain in our hands, because the enemies would collect and seize everything for taxes, head taxes, and property taxes.

3 רש"י - **מִצְרַיִם נָתַנּוּ יָד.** דֶּרֶךְ אָדָם הַנּוֹפֵל וְרוֹצֶה לַעֲמוֹד, מוֹשִׁיט יָד לְמִי שֶׁאֶצְלוֹ לַעֲזוֹר לוֹ, וְאַף כַּאן, לְמִצְרַיִם הוֹשַׁטְנוּ יָד שֶׁיַּעַזְרוּנוּ: **אַשּׁוּר.** שֶׁיַּשְׂבִּיעוּנוּ בְלַחְמָם: **נָתַנּוּ.** כְּמוֹ "נָתְנָנוּ". דַּגְשׁוּת הַנּוּ"ן מְשַׁמֶּשֶׁת בִּמְקוֹם נו"ן שְׁנִיָּה, וְכֵן, "כִּי מִמְּךָ הַכֹּל וּמִיָּדְךָ נָתַנּוּ לָךְ". וְכֵן, "וְנָתַנּוּ אֶת בְּנֹתֵינוּ לָכֶם":

We have stretched out our hands to Egypt It is customary for a falling person who wishes to stand up to stretch out a hand to someone nearby to help him. Here too, we stretched out a hand to Egypt that they should help us. **Assyria** to get enough food that they sate us with their bread. **We** have stretched out Heb. נָתַנּוּ, like נָתְנָנוּ. The dagesh in the "nun" takes the place of the second "nun," and so: "For all is from You, and from Your hand we have given it נָתַנּוּto You"; and so: "and we will give וְנָתַנּוּour daughters to you."

ט. בְּנַפְשֵׁנוּ נָבִיא לַחְמֵנוּ מִפְּנֵי חֶרֶב הַמִּדְבָּר:

We get our bread at the peril of our lives, Because of the sword of the wilderness.

י. עוֹרֵנוּ כְּתַנּוּר נִכְמָרוּ מִפְּנֵי זַלְעֲפוֹת רָעָב:

Our skin glows like an oven, With the fever of famine.

יא. נָשִׁים בְּצִיּוֹן עִנּוּ בְּתֻלֹת בְּעָרֵי יְהוּדָה:

They have ravished women in Zion, Maidens in the towns of Judah.

יב. שָׂרִים בְּיָדָם נִתְלוּ פְּנֵי זְקֵנִים לֹא נֶהְדָּרוּ:

Princes have been hanged by them; No respect has been shown to elders.

רש"י - **בְּנַפְשֵׁנוּ נָבִיא לַחְמֵנוּ**. בְּסַכָּנַת נַפְשֵׁנוּ. הָיִינוּ מְסֻכָּנִים, כְּשֶׁהָיִינוּ מְבִיאִים מְזוֹנוֹתֵינוּ מִן הַשָּׂדֶה, מִפְּנֵי חֶרֶב הַמִּדְבָּר:

With our lives we bring our bread with the peril of our soul. We were endangered when we would bring our food from the field because of the sword of the wilderness.

רש"י - **נִכְמָרוּ**. נִתְחַמְּמוּ, וְכֵן, "כִּי נִכְמְרוּ רַחֲמָיו". וּבִלְשׁוֹן גְּמָרָא יֵשׁ הַרְבֵּה - "עַל הַכּוֹמֶר שֶׁל עֲנָבִים". "מִכְמָר בְּיִשְׂרָאֵל": **זַלְעֲפוֹת רָעָב**. כְּמוֹ "וְרוּחַ זִלְעָפוֹת", לְשׁוֹן שְׂרֵפָה:

Is parched Heb. נִכְמָרוּ, became heated, and so: "For his mercies were stirred up נִכְמְרוּ"; and in the language of the Talmud there are many instances of the use of this word: "a heating vessel כּוֹמֶר of olives". And: "for the heating מִכְמָר of the flesh. **The** heat of hunger Heb. זַלְעֲפוֹת," heat, like: "and a burning wind רוּחַ זִלְעָפוֹת"; an expression of burning.

יג. בַּחוּרִים' טְחוֹן נָשָׂאוּ וּנְעָרִים בָּעֵץ כָּשָׁלוּ:

Young men must carry millstones, And youths stagger under loads of wood.

יד. זְקֵנִים' מִשַּׁעַר שָׁבָתוּ בַּחוּרִים מִנְּגִינָתָם:

The old men are gone from the gate, The young men from their music.

טו. שָׁבַת' מְשׂוֹשׂ לִבֵּנוּ נֶהְפַּךְ לְאֵבֶל מְחֹלֵנוּ:

Gone is the joy of our hearts; Our dancing is turned into mourning.

טז. נָפְלָה' עֲטֶרֶת רֹאשֵׁנוּ אוֹי-נָא לָנוּ כִּי חָטָאנוּ:

The crown has fallen from our head; Woe to us that we have sinned.

יז. עַל-זֶה' הָיָה דָוֶה לִבֵּנוּ עַל-אֵלֶּה חָשְׁכוּ עֵינֵינוּ:

------

[6] רַשִׁ"י - **טְחוֹן נָשָׂאוּ.** כְּשֶׁהָיוּ הָאוֹיְבִים מוֹלִיכִין אוֹתָם בְּקוֹלָרִין, הָיוּ נוֹתְנִים עַל כְּתֵפֵיהֶם רֵחַיִם וּמַשָּׂאוֹת כְּדֵי לְיַגְּעָם. וְכֵן, "בָּעֵץ כָּשָׁלוּ", כָּשַׁל כֹּחָם. וּלְשׁוֹן כִּשָּׁלוֹן נוֹפֵל בְּתַשְׁוּת כֹּחַ, כְּמוֹ שֶׁנֶּאֱמַר בְּעֶזְרָא "וַיֹּאמֶר יְהוּדָה כָּשַׁל כֹּחַ הַסַּבָּל". וְכֵן "הַכְשִׁיל כֹּחִי":

Young men carried the millstones When the enemies led them away in neck irons, they would place millstones and burdens on their shoulders in order to tire them. Similarly: and youths fail under loads of wood, meaning that their strength failed. The expression of failing applies to the weakening of the strength, as is stated in Ezra: "And Judea said: The porter's strength has failed כָּשַׁל." Similarly, "and caused my strength to fail הַכְשִׁיל."

[7] רַשִׁ"י - **עַל זֶה הָיָה דָוֶה לִבֵּנוּ וְגוֹ'.** עַל הַמְפֹרָשׁ בַּמִּקְרָא שֶׁל אַחֲרָיו - "עַל הַר צִיּוֹן שֶׁשָּׁמֵם". וְ"שׁוּעָלִים הִלְּכוּ בוֹ":

Because of this our hearts are sick, Because of these our eyes are dimmed.

יז. עַל הַר־צִיּוֹן שֶׁשָּׁמֵם שׁוּעָלִים הִלְּכוּ־בְוֹ:

Because of Mount Zion, which lies desolate; Jackals prowl over it.

יט. אַתָּה‎[8] יְהֹוָה לְעוֹלָם תֵּשֵׁב כִּסְאֲךָ לְדוֹר וָדוֹר:

But You, O LORD, are enthroned forever, Your throne endures through the ages.

כ. לָמָּה‎[9] לָנֶצַח תִּשְׁכָּחֵנוּ תַּעַזְבֵנוּ לְאֹרֶךְ יָמִים:

Why have You forgotten us utterly, Forsaken us for all time.

כא. הֲשִׁיבֵנוּ יְהֹוָה | אֵלֶיךָ [כתיב וְנָשׁוּב] קרי וְנָשׁוּבָה חַדֵּשׁ יָמֵינוּ כְּקֶדֶם:

Take us back, O LORD, to Yourself, And let us come back; Renew our days as of old.

For this our heart has become faint, etc. because of that which is delineated in the following verse: "For Mount Zion, which lies desolate, and foxes prowl over it."

[8] רש"י - **אַתָּה ה'.** יָדַעְנוּ כִּי לְעוֹלָם תֵּשֵׁב וְהוֹאִיל וְכֵן הוּא:
But You, O Lord we know that You will remain forever. Now since that is so.

[9] רש"י - **לָמָּה לָנֶצַח תִּשְׁכָּחֵנוּ.** הֲלֹא נִשְׁבַּעְתָּ לָנוּ בָּךְ כְּשֵׁם שֶׁאַתָּה קַיָּם כַּךְ שְׁבוּעָתְךָ קַיֶּמֶת:
Why do You forget us forever Have You not sworn to us Yourself that just as You exist, so does Your oath exist.

כב. כִּי¹⁰ אִם־מָאֹס מְאַסְתָּנוּ קָצַפְתָּ עָלֵינוּ עַד־מְאֹד:

For truly, you have rejected us. Bitterly raged against us.

הֲשִׁיבֵנוּ¹¹ יְהֹוָה | אֵלֶיךָ וְנָשׁוּבָה חַדֵּשׁ יָמֵינוּ כְּקֶדֶם

Take us back, O LORD, to Yourself. And let us come back; Renew our days as of old.

---

¹⁰ רש"י - **כִּי אִם מָאֹס מְאַסְתָּנוּ.** בִּשְׁבִיל שֶׁחָטָאנוּ לֹא הָיָה לְךָ לְהַרְבּוֹת קֶצֶף עַד מְאֹד כַּאֲשֶׁר קָצַפְתָּ:

For if You have utterly rejected us because we have sinned. You should not have been exceedingly wroth as much as You were wroth.

¹¹ רש"י - **הֲשִׁיבֵנוּ ה'.** מִפְּנֵי שֶׁמְּסַיֵּם בְּדִבְרֵי תוֹכֵחָה הֻצְרַךְ לִכְפֹּל מִקְרָא שֶׁלְּפָנָיו פַּעַם אַחֶרֶת, וְכֵן יְשַׁעְיָה וּתְרֵי עָשָׂר וְקֹהֶלֶת:

Restore us...O Lord Since he concludes with words of reproof, he had to repeat the preceding verse again, and so it is in Isaiah, the Twelve Prophets, and Ecclesiastes.

מדרש הנעלם על איכה

שָׁלְחוּ לְהוֹ בְּנֵי בָבֶל לִבְנֵי אַרְעָא קַדִּישָׁא, כָּךְ יָאוּת לְמִבְכֵּי, כָּךְ יָאוּת לְמֶעְבַּד הֶסְפֵּדָא עַל חֹוּרְבַּן בֵּית אֱלָהָנָא, עַל דְּאִתְבַּדַּרְנָא בֵּינֵי עַמְמַיָּא, וְאִית לָן לְמִיפְתַּח הֶסְפֵּידָא, וּלְפָרְשָׁא אָלֶפָ״א בֵּיתָא, דְּשָׁלְחֹוּ מָארֵי עָלְמָא לְהֶסְפֵּידָא דְחֹוּרְבַּן בֵּיתֵיהּ:

שָׁלְחוּ לָהֶם בְּנֵי בָבֶל לִבְנֵי הָאָרֶץ הַקְּדוֹשָׁה: לָנוּ מַתְאִים לִבְכּוֹת, לָנוּ רָאוּי לַעֲשׂוֹת הֶסְפֵּד עַל חֻרְבַּן בֵּית אֱלֹהֵינוּ, עַל שֶׁהִתְפַּזַּרְנוּ בֵּין הָעַמִּים, וְיֵשׁ לָנוּ לִפְתֹּחַ בַּהֶסְפֵּד, וּלְפָרֵשׁ הָאָלֶפָ״א בֵּיתָא שֶׁשָּׁלַח רִבּוֹן הָעוֹלָם לְהֶסְפֵּד שֶׁל חֻרְבַּן בֵּיתוֹ.

שָׁלְחוּ לְהֹוּ בְּנֵי אַרְעָא קַדִּישָׁא, יָאוּת דְּאַתּוּן אִתְבַּדַּרְתּוּן בֵּינֵי עַמְמַיָּא, וְאַתּוּן לְבַר מֵאַרְעָא קַדִּישָׁא, וְיָאוּת לְכוּ לְמִבְכֵּי עֲלַיְיכוּ וְעַל גַּרְמַיְיכוּ, דְּנָפַקְתּוּן מִנְּהֹוֹרָא לַחֲשׁוֹכָא, כְּעַבְדָּא דְּנָפִיק מִבֵּי מָארֵיהּ. אֲבָל אֲנַן אִית לָן לְמִבְכֵּי וּלְמֶעְבַּד הֶסְפֵּידָא, וְלָן סַדֵּר קוּדְשָׁא בְּרִיךְ הוּא סִפְרָא דְהֶסְפֵּידָא, דַּאֲנַן בְּנָהָא דְמַטְרוֹנִיתָא, וַאֲנַן מִבְּנֵי בֵּיתָהּ, וְיָדְעִין יְקָרָא דְמָארֵי עָלְמָא. וְלָן יָאוּת לְמִבְכֵּי, וּלְפָרְשָׁא אִינּוּן אָלֶפָ״א בֵּיתֵי״ן:

שָׁלְחוּ לָהֶם בְּנֵי הָאָרֶץ הַקְּדוֹשָׁה: מַתְאִים

שֶׁאַתֶּם הִתְפַּזַּרְתֶּם בֵּין הָעַמִּים, וְאַתֶּם מְזֹוּזִים
לָאָרֶץ הַקְּדוֹשָׁה, וְנָאֶה לָכֶם לִבְכּוֹת עֲלֵיכֶם
וְעַל עַצְמְכֶם, שֶׁיְּצָאתֶם מֵאוֹר לַחֹשֶׁךְ כְּעֶבֶד
שֶׁיָּצָא מִבֵּית רַבּוֹ. אֲבָל אָנוּ יֵשׁ לָנוּ לִבְכּוֹת
וְלַעֲשׂוֹת הֶסְפֵּד, וְלָנוּ שֶׁלָּזֶה הַקָּדוֹשׁ בָּרוּךְ הוּא
סֵפֶר הַהֶסְפֵּד, שֶׁאָנוּ בְּנֵי הַגְּבִירָה, וְאָנוּ מִבְּנֵי
בֵיתָהּ, וְיוֹדְעִים אֶת כְּבוֹדוֹ שֶׁל רִבּוֹן הָעוֹלָם,
וְלָנוּ רָאוּי לִבְכּוֹת וּלְפָרֵשׁ אוֹתָם הָאַלְפָּ"א
בֵּיתֵי"ם.

וַאֲנַן יַתְמִין בְּלָא אַבָּא וְאִמָּא, וּמִסְתַּכְּלִין עַיְינִין
לְכוֹתְלֵי בֵיתָא דְאִימָּנָא, וְהָא אִתְחֲרַב, וְלָא
אַשְׁכַּחְנָא לָהּ. דַּהֲוַת יַנְקָא לָן בְּכָל יוֹמָא, בְּיוֹמִין
קַדְמָאִין, מִשַּׁפִּירוּ דִילָהּ. וַהֲוַית נְזִימַת לָן, וּמְמַלְּלַת
עַל לִבָּנָא, כְּאִמָּא לִבְרַהּ. כְּדַבָר אֲזֹר – כְּאִישׁ[1]
אֲשֶׁר אִמּוֹ תְּנַחֲמֶנּוּ וְגוֹ':

וְאָנוּ יְתוֹמִים בְּלִי אָב וָאֵם, וּמִסְתַּכְּלִים
הָעֵינַיִם לְכָתְלֵי בֵּית אִמֵּנוּ – וְהִנֵּה נֶחֱרַב, וְלֹא
מְצָאנוּ אוֹתָהּ. שֶׁהָיְתָה מֵנִיקָה אוֹתָנוּ בְּכָל יוֹם
בַּיָּמִים הָרִאשׁוֹנִים מֵהֹיְפִי שֶׁלָּהּ, וְהָיְתָה
מְנַחֶמֶת אוֹתָנוּ, וּמְדַבֶּרֶת עַל לִבֵּנוּ כְּאֵם
לִבְנָהּ, כְּמוֹ שֶׁנֶּאֱמַר – כְּאִישׁ אֲשֶׁר אִמּוֹ
תְּנַחֲמֶנּוּ וְגוֹ'.

וְהַשְׁתָּא אִסְתַּכְּלָן עַיְינִין לְכָל סְטַר, וַאֲתַר בֵּית
מוֹתְבָא דְּאִימָּנָא אִתְבַּלְבֵּל, וְהָא אִתְחֲרַב. נְבַטֵּשׁ
רֵישָׁא לְכוֹתְלֵי בֵּיתָא וּמוֹתְבָה. מָאן יְנַחֵם כָּן, וּמַאן
יְמַלֵּל עַל לִבָּנָא, וְיַגֵּין עֲלָנָא קַמֵּי מַלְכָּא:

וְכָעֵת בְּמִסְתַּכְּלוֹת הָעֵינַיִם לְכָל צַד, וּמְקוֹם
בֵּית מוֹשָׁבָה שֶׁל אִמֵּנוּ הִתְבַּלְבֵּל, וְהִנֵּה
נֶחֱרַב. נְכֶּה הָרֹאשׁ לְכָתְלֵי הַבַּיִת וּמוֹשָׁבָה.
מִי יְנַחֵם אוֹתָנוּ, וּמִי יְדַבֵּר עַל לִבֵּנוּ וְיָגֵן עָלֵינוּ
לִפְנֵי הַמֶּלֶךְ?

כַּד הֲוֵינָן זְטָאן קַמֵּי אֲבוּנָא, וְסָלֵיק רְצוּעָא
לְאַלְקָאָה כָּן, אִיהִי קָיְימַת לְקַמָּן, וּמְקַבֶּלֶת
מַלְקִיּוּתָא דְּמַלְכָּא, בְּגִין לַאֲגָנָא עֲלָנָא. כְּדַבָר אֲזַר
[2] — וְהוּא מְחֹלָל מִפְּשָׁעֵינוּ מְדֻכָּא מֵעֲוֹנוֹתֵינוּ כו',
וּבַחֲבֻרָתוֹ נִרְפָּא לָנוּ. וְהַשְׁתָּא אִימָּא לֵית כָּן, וַוי. ווי
כָּן, ווי לְכוּ. כָּן יָאוֹת לְמִבְכֵּי, כָּן יָאוֹת לְמִסְפַּד, כָּן
יָאוֹת לְפָתְרָא אִינוּן מִילִין דִּמְרִירוּ, לְאוֹדָעָא לְהוֹ,
לְאִינוּן דְּיָדְעִין לְמִבְכֵּי מִלִּין דְּהֶסְפֵּידָא:

כְּשֶׁהָיִינוּ זוֹטָאִים לִפְנֵי אָבִינוּ, וּמַעֲלָה
הָרְצוּעָה לְהַלְקוֹת אוֹתָנוּ, הִיא עָמְדָה לְפָנֵינוּ,
וּמְקַבֶּלֶת הַמַּלְקוּת שֶׁל הַמֶּלֶךְ כְּדֵי לְהָגֵן
עָלֵינוּ, כְּמוֹ שֶׁנֶּאֱמַר - וְהוּא מְחֹלָל מִפְּשָׁעֵינוּ
מְדֻכָּא מֵעֲוֹנוֹתֵינוּ כו' וּבַחֲבֻרָתוֹ נִרְפָּא לָנוּ.
וְכָעֵת אֵין לָנוּ אֵם. וַי! וַי לָנוּ! וַי לָכֶם! לָנוּ רָאוּי

---

2 ישעיהו נג ה

לְבְכּוֹת, לָנוּ רָאוּי לִסְפֹּד, לָנוּ רָאוּי לִפְתֹּר אוֹתָם דִּבְרֵי מְרִירוּת, לְהוֹדִיעָם לְאוֹתָם שֶׁיּוֹדְעִים לִבְכּוֹת דִּבְרֵי הֶסְפֵּד.

נִקְרַב בְּכָל יוֹמָא לְגַבֵּי עַרְסָא דְּאִימְנָא, וְלָא נִשְׁכַּח לֵהּ תַּמָּן. נִשְׁאַל עֲלָהּ, לֵית מַאן דְּיַשְׁגַּח עֲלָךְ. נִשְׁאַל לְעַרְסָא דִּילָהּ, אִתְבַּלְבְּלָא. נִשְׁאַל לְכוּרְסְיָיא, נָפְלַת. נִשְׁאַל לְהֵיכְלִין דִּילָהּ, אוֹמָאן אִינּוּן דְּלָא יָדְעִין מִינָהּ. נִשְׁאַל לְעַפְרָא, רְשִׁימוּ דְּעִקְבְתָא לֵית תַּמָּן:

נִקְרַב כָּל יוֹם לְמִטַּת אִמֵּנוּ - וְלֹא נִמְצָא אוֹתָהּ שָׁם. נִשְׁאַל עָלֶיהָ - אֵין מִי שֶׁמַּשְׁגִּיחַ עָלֵינוּ. נִשְׁאַל לְמִטָּתָהּ - הִתְבַּלְבְּלָה. נִשְׁאַל לַכִּסֵּאה - נָפְלָה. נִשְׁאַל לְהֵיכְלוֹתֶיהָ - הֵם נִשְׁבָּעִים שֶׁלֹּא יוֹדְעִים מִמֶּנָּה. נִשְׁאַל אֶת הֶעָפָר - רֹשֶׁם שֶׁל עֲקֵבוֹת אֵין שָׁם.

נִשְׁאַל לְאִיגְּרָא, הָא אִיגְּרָא אָתִיב כָּךְ, דְּתַמָּן יָתְבָה מַבְכָּה וּמְיַילְלֶת עֲלָן וְאָזְלַת מִבְכָּה, צָווֹזַת בְּקוֹל מְרִירוּ עֲלָן, מֵאִיגְּרָא לְאִיגְּרָא. כְּמָה דְאַתְּ אָמֵר - מַה לָּךְ אֵפוֹא כִּי עָלִית כֻּלָּךְ לַגַּגּוֹת.[3] נִשְׁאַל לְאוֹרְזִזִין וְשׁוּבִילִין, כֻּלְּהוּ אָמְרִין דְּשַׁמְעוּ קָל מְרִירוּ דִּבְכִיָּה, דִּמְבַכָּה עַל בְּנָהָא, וְלָא יָדְעִין לְאָן אִסְתַּלְקַת:

נִשְׁאַל אֶת הַגַּג - הֲרֵי הַגַּג מֵשִׁיב לָנוּ, שֶׁיָּשְׁבָה

שָׁם מְבַכָּה וּמְיַלֶּלֶת וְהוֹלֶכֶת מִבְּכָה, צוֹוַזֶת בְּקוֹל שֶׁל מְרִירוּת עָלֵינוּ מֵעַג לְגַג, כְּמוֹ שֶׁנֶּאֱמַר מַה לָּךְ אֵפוֹא כִּי עָלִית כֻּלָּךְ לַגַּגוֹת. נִשְׁאַל אֶת הַדְּרָכִים וְהַשְּׁבִילִים - כֻּלָּם אוֹמְרִים שֶׁשָּׁמְעוּ קוֹל מְרִירוּת שֶׁל בְּכָיָה שֶׁמְבַכָּה עַל בָּנֶיהָ, וְלֹא יוֹדְעִים לְאָן הִסְתַּלְקָה.

כָּן יָאוֹת לְמִבְכֵּי, כָּן יָאוֹת לְמִיסְפַּד. נְנַשֵּׁק עַפְרָא דְרַגְלָהָא, נְנַשֵּׁק אֲתַר בֵּי מוֹתָבָה, נְנַשֵּׁק כּוֹתְלֵי הֵיכָלָא, וְנִבְכֵּי בִּמְרִירוּ. אֲנַן נִפְתַּוֹז בְּהֶסְפֵּדָא, דְּזִמִּינָן בְּכָל יוֹמָא כָּל הַאי. נִבְכֵּי תָּדִיר וְלָא אִיתְנְשֵׁי מְרִירוּ דִּבְכָיָה מִינָן:

לָנוּ רָאוּי לִבְכּוֹת! לָנוּ רָאוּי לִסְפֹּד! נְנַשֵּׁק אֶת עֲפַר רַגְלֶיהָ, נְנַשֵּׁק אֶת מְקוֹם בֵּית מוֹשָׁבָה, נְנַשֵּׁק אֶת כּוֹתְלֵי הַהֵיכָל, וְנִבְכֶּה בִּמְרִירוּת. אָנוּ נִפְתַּוֹז בַּהֶסְפֵּד, שֶׁרָאִינוּ בְּכָל יוֹם כָּל זֶה. נִבְכֶּה תָּמִיד וְלֹא נִשְׁכַּוֹז מְרִירוּת הַבֶּכִי מֵעִמָּנוּ.

פָּתְחוּ אִינְהוּ וְאָמְרֵי - אֵיכָה[4] יָשְׁבָה בָּדָד הָעִיר, כְּתִיב - כִּי[5] יוֹם מְהוּמָה וּמְבוּסָה וּמְבוּכָה וְגוֹ'. כִּי יוֹם. זַד יוֹמָא אִית לְקוּדְשָׁא בְּרִיךְ הוּא, רְזִיבָא

---

4 איכה א א
5 ישעיהו כב ה

דְּנַפְשֵׁיהּ, כְּלִילָא מִכָּל שְׁאָר יוֹמִין, שִׁית יוֹמִין כְּלִילָן
בֵּיהּ, וְהוּא כְּלָלָא דְּכֻלְּהוּ. וְעַל דְּאַסְגִּיאוּ זְווֹבִין,
אִסְתַּלַּק לְעֵילָא, לְבֵי עַלְמָא דְּזַוְיָין:

פִּתְחוּ הֶם וְאָמְרוּ, – אֵיכָה יָשְׁבָה בָדָד הָעִיר.
כָּתוּב – כִּי יוֹם מְהוּמָה וּמְבוּסָה וּמְבוּכָה וְגוֹ'.
כִּי יוֹם, יוֹם אֶחָד יֵשׁ לַקָּדוֹשׁ בָּרוּךְ הוּא,
אָהוּב נַפְשׁוֹ, כָּלוּל מִכָּל שְׁאָר הַיָּמִים. עָשָׂה
יָמִים כְּלוּלִים בּוֹ, וְהוּא הַכְּלָל שֶׁל כֻּלָּם. וְעַל
שֶׁהִתְרַבּוּ הַחֲטָאִים הִסְתַּלֵּק לְמַעְלָה, לְבֵית
עוֹלָם הַזַּוְיִים.

כְּדֵין מִתְחֲזוֹת שִׁפּוּלֵי מַשְׁכְּנָא, קָם יוֹמָא דִּמְרִירוּ,
יוֹמָא דִּבְכִיָה, יוֹמָא דְּצַעֲרָא, יוֹמָא דְּאִיקְרֵי מְהוּמָה
וּמְבוּסָה וּמְבוּכָה, וְעָאל בְּגוֹ מַשְׁכְּנָא, וְשֵׁיצֵי וְסָאִיב.
וְרִבּוֹנָא דְּמַשְׁכְּנָא, אֲזַל וְעָרַק וְאִתְטָרַךְ מִגּוֹ מוֹתְבֵיהּ
לְגוֹ טוּרָא דִּלְבַר, וּלְגוֹ טוּרָא דְּזַרוּב, וּמַשְׁכְּנָא
אִתְחֲרַב:

אָז, מִתְחֲזוֹת שִׁפּוּלֵי הַמִּשְׁכָּן, קָם יוֹם שֶׁל
מְרִירוּת, יוֹם שֶׁל בְּכִיָה, יוֹם שֶׁל צַעַר, יוֹם
שֶׁנִּקְרָא מְהוּמָה וּמְבוּסָה וּמְבוּכָה. וְנִכְנָס
לְתוֹךְ הַמִּשְׁכָּן, וּמְכַלֶּה וּמְטַמֵּא. וְרִבּוֹן
הַמִּשְׁכָּן הָלַךְ וּבָרַח וּגֹרַשׁ מִתּוֹךְ מוֹשָׁבוֹ לְתוֹךְ
הָהָר שֶׁבַּחוּץ, וּלְתוֹךְ הָהָר שֶׁזָּרוּב, וְהַמִּשְׁכָּן
נֶחְרַב.

לְבָתַר, נָזַת הַהוּא יוֹמָא עִילָאָה, דְּאִסְתַּלַּק, שָׁאַל
עַל מִשְׁכְּנֵיהּ, וְהָא אִתְחֲזַרַב. עָאל וְאִשְׁתַּגַּח עַל מָארֵי
דְּמַשְׁכְּנָא, מַטְרוֹנִיתָא רְחִימְתָא דְּנַפְשֵׁיהּ, וְהִיא
אִתְתָּרְכַת וְעָרְקַת, וְכָל בִּנְיָנָה סָתִיר. כְּדֵין שָׁארֵי
לְמִגְעֵי, גּוֹעָא בָּתַר גּוֹעָא, כִּנְהִימוּ דְּתַרְנְגוֹלָא עַל
נוּקְבֵּיהּ. הֲדָא הוּא דִּכְתִיב – מְקַרְקַר [6] קִר, נְהִימוּ
כְּתַרְנְגוֹלָא. קִיר, רִבּוֹן שַׁלִיטָא:

שֶׁאַחַר כָּךְ יָרַד אוֹתוֹ הַיּוֹם הָעֶלְיוֹן שֶׁהִסְתַּלֵּק,
שָׁאַל עַל מִשְׁכָּנוֹ – וְהִנֵּה נֶחֱרַב. נִכְנַס וְהִשְׁגִּיחַ
בְּבַעֲלַת הַמִּשְׁכָּן, הַגְּבִירָה אֲהוּבַת נַפְשׁוֹ –
וְהִיא גֹרְשָׁה וּבָרְחָה, וְכָל בִּנְיָנָהּ סָתוּר. אָז
הִתְחִיל לִבְכּוֹת, בְּכִיָּה אַחַר בְּכִיָּה, כְּנַהֲמַת
הַתַּרְנְגוֹל עַל נְקֵבָתוֹ. זֶהוּ שֶׁכָּתוּב – מְקַרְקַר
קִר, נַהֲמַת הַתַּרְנְגוֹל. קִר – הָרִבּוֹן הַשַּׁלִּיט.

וְשׁוֹעַ אֶל הָהָר, עָבִיד שׁוֹעָה וְצַוְוז לִגַבֵּי
טוּרָא, דְּעָרְקַת תַּמָּן מַטְרוֹנִיתָא. עָבִיד שׁוֹעַ צַוְוז
וְקָרֵי בִּנְהִימוּ דִּבְכִיָּה אֵיכָה. אֵיכָה רְחִימְתָא
דְּנַפְשָׁאי, אֵיכָה שַׁפִּינָתִי שְׁלֵימָתִי, אֵיכָה יְזִידְתָּא
דִּילִי, דְּאִתְיַזְדַא עִמִּי בְּיִזּוּדָא. אֵיכָה דַּהֲוֵית נָטְלָא
בְּכָל יוֹמָא, חֲמֵשׁ וְעֶשְׂרִים אַתְוָון דְּיִזּוּדָא,
וְאִתְקְרִיאַת כ"ה עַל דָּא:

וְשׁוֹעַ אֶל הָהָר, עָשָׂה שׁוֹעָה וְצַוְוז אֶל הָהָר,
שֶׁלְּשָׁם בָּרְחָה הַגְּבִירָה. עָשָׂה שׁוֹעַ, צַוְוז

וְקוֹרֵא בַּנְּהָמָה שֶׁל בְּכִיָּה אֵיכָה. אֵיכָה
אֲהוּבַת נַפְשִׁי, אֵיכָה יוֹנָתִי שְׁלֵמָתִי, אֵיכָה
יְזִידָתִי, שֶׁהִתְיַזְזָדָה עַמִּי בְּיִזּוּד. אֵיכָה
שֶׁהָיִיתָ נוֹטֶלֶת בְּכָל יוֹם חָמֵשׁ וְעֶשְׂרִים
אוֹתִיּוֹת הַיִּזּוּד, וְנִקְרֵאת עַל זֶה כ"ה.

אֲזָוָתִי בְּרַתִּי אִמִּי, לְאָן אָזְלַת, לְאָן פָּנִית לְמֵיהַךְ. אֲנַן
דְּשַׁמְעִין בְּכָל יוֹמָא קִרְקוּרָא דָא דְּרִבּוֹנָנָא, לָן יָאוֹת
לְמִבְכֵּי, לָן יָאוֹת לְמִסְפַּד, לָן יָאוֹת לְמִפְתַּח אֵיכָה –
אֵיכָה יָשְׁבָה בָדָד
וְגוֹ':

אֲחוֹתִי בִּתִּי אִמִּי, לְאָן הָלַכְתְּ? לְאָן פָּנִית
לָלֶכֶת? אָנוּ שֶׁשּׁוֹמְעִים בְּכָל יוֹם הַקִּרְקוּר
הַזֶּה שֶׁל רִבּוֹנֵנוּ, לָנוּ רָאוּי לִבְכּוֹת, לָנוּ רָאוּי
לִסְפֹּד, לָנוּ רָאוּי לִפְתֹּחַ אֵיכָה. אֵיכָה יָשְׁבָה
בָדָד וְגוֹ'.

רַבִּי לֵוִיטַס חֲזָאָה פָּתַח – וְאֵיבָה[7] אָשִׁית בֵּינְךָ וּבֵין
הָאִשָּׁה וּבֵין זַרְעֶךָ. דְּבָבוּ סַגִּי הֲוָה מִן יוֹמָא דְּאִתְבְּרִי
עָלְמָא, עַל עֵילָה דְּעֵיטָא דְּנָחָשׁ, מֵהַהִיא שַׁעֲתָא
דְּאִתְכַּלְטַיָּיא, אִתְדַּחְזְיָיא מִקַּמֵּי תַּרְעָא דְּמַלְכָּא, וְהוּא
כַּמִּין תָּדִיר בֵּין גְּדָרִין דְּעָלְמָא, בֵּין אִינּוּן גְּדָרִין
דְּאוֹרַיְיתָא, כָּל אִינּוּן דְּדָשִׁין בְּעָקֵב, בְּאִינּוּן גְּדָרִין,
נָשִׁיךְ לוֹן:

---

[7] בראשית ג טו

רַבִּי לְוִיטַס הֲוֵזֶה פָּתַז – וְאֵיבָה אָשִׁית בֵּינְךָ
וּבֵין הָאִשָּׁה וּבֵין זַרְעֶךָ. שֶׂנְאָה רַבָּה הָיְתָה
מִיּוֹם שֶׁנִּבְרָא הָעוֹלָם, וְעַל הָעֵלָה שֶׁל עֲצַת
הַנָּחָשׁ. מֵאוֹתָהּ הַשָּׁעָה שֶׁהִתְקַלֵּל, נִדְחָה
מִלִּפְנֵי שַׁעַר הַמֶּלֶךְ, וְהוּא אוֹרֵב תָּמִיד בֵּין
הַגְּדֵרוֹת שֶׁל הָעוֹלָם, בֵּין אוֹתָם גְּדֵרוֹת
הַתּוֹרָה, כָּל אוֹתָם שֶׁדּוֹשִׁים בְּעָקֵב, בְּאוֹתָם
הַגְּדֵרוֹת נוֹשֵׁךְ אוֹתָם.

**וַוי דְּאַשְׁכַּז, וַוי דְּנָשֵׁיךְ. וַוי עַל דְּבָבוּ בִּישָׁא
דְּאִתְנְטִיר. עַל דְּבָבוּ בִּישָׁא דַּהֲוָות לֵיהּ בְּהַאי
אִשָּׁה, דְּאִתְקָרְיָא אִשָּׁה יִרְאַת ה׳. דְּבָבוּ בִּישׁ נָטַר
לָהּ מִן יוֹמָא דְּאִתְבְּרִי עָלְמָא, עַד דְּתָבַר לָהּ
בִּתְבִירוּ, לְמִשְׁכַּב לְעַפְרָא:**

אוֹי שֶׁמָּצָא, אוֹי שֶׁנָּשַׁךְ. אוֹי עַל הַשִּׂנְאָה
הָרָעָה שֶׁנִּשְׁמְרָה, עַל הַשִּׂנְאָה הָרָעָה שֶׁהָיְתָה
לוֹ בָּאִשָּׁה הַזּוֹ, שֶׁנִּקְרָאָה אִשָּׁה יִרְאַת ה׳.
שִׂנְאָה רָעָה שָׁמַר לָהּ מִיּוֹם שֶׁנִּבְרָא הָעוֹלָם,
עַד שֶׁשָּׁבַר אוֹתָהּ בְּשֶׁבֶר, לִשְׁכַּב לְעָפָר.

**אֵ[8]יכָה יָ[שְׁבָה בָ]דָד הָ[עִיר רַ]בָּתִי עָ[ם הָ]יְתָה,
אִסְתַּכַּל בְּאַתְוָון דְּרֵישׁ כָּל תֵּיבָה וְתֵיבָה, וְתִשְׁכַּח
נְטִירוּ דְּבָבוּ בִּישָׁא, דְּאִתְנַטְרָא, עַד דְּאִתְחֲזָרַב בֵּי
מַקְדְּשָׁא. אֵיבָ״ה רָעָ״ה בְּרֵישֵׁי אַתְוָון, אִתְנְטִיר לָהּ**

<hr>

לְהַהִיא אֵשֶׁת זְנוּל, בִּתְבִירוּ דְּבֵי מַקְדְּשָׁא, לְמִשְׁכַּב לְעַפְרָא:

אֵ״יכָה יָ״שְׁבָה בָ״דָד הָ״עִיר רַ״בָּתִי עָ״ם הָ״יְתָה. הִסְתַּכֵּל בָּאוֹתִיּוֹת שֶׁל רֹאשׁ כָּל תֵּבָה וְתֵבָה, וְתִמְצָא שְׁמִירָה שֶׁל שׂוֹנְאָה רָעָה, שֶׁנִּשְׁמְרָה עַד שֶׁנֶּחֱרַב בֵּית הַמִּקְדָּשׁ. אִי״בָ״ה רָעָ״ה בְּרָאשֵׁי הָאוֹתִיּוֹת נִשְׁמְרָה לָהּ לְאוֹתָהּ אֵשֶׁת זְנוּל, בְּשִׁבְרוֹן שֶׁל בֵּית הַמִּקְדָּשׁ, לִשְׁכַּב לֶעָפָר.

הֲדָא הוּא דִּכְתִיב – כְּ״אַלְמָנָה[9] רַ״בָּתִי בַ״גּוֹיִם שָׂ״רָתִי בַּ״מְּדִינוֹת הָ״יְתָה לָ״מַס, תִּקְרָא לְמִפְרַע בְּרֵישֵׁי אַתְוָון, לָהּ בְּשִׁבְרֵיךְ. בִּתְבִירוּ דְּבֵי מַקְדְּשָׁא, בִּתְבִירוּ דִּכְנִשְׁתָּא דְיִשְׂרָאֵל, דִּבְבוּ בִּישָׁא אַדְבִּיק לָהּ בְּשִׁבְרֵיךְ:

זֶהוּ שֶׁכָּתוּב – כְּ״אַלְמָנָה רַ״בָּתִי בַ״גּוֹיִם שָׂ״רָתִי בַּ״מְּדִינוֹת הָ״יְתָה לָ״מַס. תִּקְרָא לְמִפְרַע בְּרָאשֵׁי הָאוֹתִיּוֹת – לָהּ בְּשִׁבְרֵיךְ. בְּשִׁבְרוֹן שֶׁל בֵּית הַמִּקְדָּשׁ, בְּשִׁבְרוֹנָהּ שֶׁל כְּנֶסֶת יִשְׂרָאֵל, שֶׁשּׂוֹנְאָה רָעָה הִדְבִּיק לָהּ בְּשִׁבְרֵיךְ.

אֵיכָה דְּאִתְדַּבְּקַת לְהַהִיא אֵיבָה רָעָה דָא, קָל דְּנָזֵשׁ, קָל מְרִירוּ דִּבְכִיָּה בִּרְקִיעִין. אִלֵּין קָרָאן

אֵיכָה, וּמִסִּטְרָא אָחֳרָא קָרָאן אֵיבָה. הֲדָא הוּא
דִכְתִיב, וְאֵיבָה אָשִׁית בֵּינְךָ וּבֵין הָאִשָּׁה, בֵּין סִטְרָא
דָא, וּבֵין סִטְרָא דָא, אִשְׁתַּכַּח בְּזַּרְבָּן בֵּי מַקְדְּשָׁא.
וּבִקְרָא קַדְמָאָה אִתְרְשִׁים כֹּלָּא לְמִנְדַּע דְּהָאי כּ"ה,
אַדְבֵּיק לֵהּ אֵיבָ"ה רָעָה, דְּנָטֵיר לֵהּ מִיּוֹמָא
דְּאִתְבְּרִי עָלְמָא:

אֵיכָה   שֶׁנִּדְבְּקָה לְאוֹתָהּ אֵיבָה רָעָה הַוֵּו,
קוֹל   הַנִּזּוֹשׁ, קוֹל מְרִירוּת שֶׁל בְּכִיָּה
בָּרְקִיעִים. אֵלּוּ קוֹרְאִים אֵיכָה, וּמִצַּד אַחֵר
קוֹרְאִים אֵיבָה. זֶהוּ שֶׁכָּתוּב וְאֵיבָה אָשִׁית
בֵּינְךָ וּבֵין הָאִשָּׁה. בֵּין הַצַּד הַזֶּה, וּבֵין הַצַּד
הַזֶּה, נִמְצָא הַשֵּׁם – בְּזַרְבָּן בֵּית הַמִּקְדָּשׁ.
וּבַפָּסוּק הָרִאשׁוֹן נִרְשַׁם הַכֹּל, לָדַעַת שֶׁכּ"ה
הַוֵּו הִדְבִּיק אוֹתָהּ אֵיבָ"ה רָעָה שֶׁשָּׁמַר לָהּ
מִיּוֹם שֶׁנִּבְרָא הָעוֹלָם.

אֵיכָה יָשְׁבָה בָדָד. רַבִּי הָרְכִּינַס פָּתַח[10] – וַיְגָרֶשׁ אֶת
הָאָדָם וַיַּשְׁכֵּן מִקֶּדֶם לְגַן עֵדֶן. וַיְגָרֶשׁ אֶת, דָּא כְּנֶסֶת
יִשְׂרָאֵל. בְּזַרְבָּן בֵּי מַקְדְּשָׁא, דְּאִתְתָּרְכַת
בְּתֵירוּכִין, דְּאִשְׁתְּלַחֲזֹת בְּשַׁלְוֻוזִין, כָּרְסַיָּיא דְּמַלְכָּא
נָפְלַת:

אֵיכָה יָשְׁבָה בָדָד. רַבִּי הָרְכִּינַס פָּתַח –
וַיְגָרֶשׁ אֶת הָאָדָם וַיַּשְׁכֵּן מִקֶּדֶם לְגַן עֵדֶן.
וַיְגָרֶשׁ אֶת – זוֹ כְּנֶסֶת יִשְׂרָאֵל, בְּזַרְבָּן בֵּית

הַמִּקְדָּשׁ, שֶׁגֵּרְשָׁהּ בְּגֵרוּשִׁין, שֶׁנִּשְׁלְזָה
בְּשִׁלּוּחִין, כִּסֵּא הַמֶּלֶךְ שֶׁנָּפְלָה.

וַיְגָרֶשׁ אֶת, דָּא כָּרְסְיָיא דְּמַלְכָּא. וַוי דְּאִתְתָּרְכַת, וַוי
דְּנָפְלַת. הָאָדָם, הַהוּא דְּשַׁלִּיט עַל כּוּרְסְיָיא,
דִּכְתִיב בֵּיהּ – וְעַל[11] דְּמוּת הַכִּסֵּא דְּמוּת כְּמַרְאֵה
אָדָם כוּ'. נָפְלַת כָּרְסְיָיא, נָפַל כֹּלָּא:

וַיְגָרֶשׁ אֶת – זֶה כִּסֵּא הַמֶּלֶךְ. אוֹי שֶׁגֵּרְשָׁהּ,
אוֹי שֶׁנָּפְלָה. הָאָדָם, אוֹתוֹ שֶׁשּׁוֹלֵט עַל
הַכִּסֵּא, שֶׁכָּתוּב בּוֹ – וְעַל דְּמוּת הַכִּסֵּא דְּמוּת
כְּמַרְאֵה אָדָם וְכוּ'. נָפְלָה הַכִּסֵּא – נָפַל הַכֹּל.

וַיִּשְׁכֵּן, הַהוּא דְּתָרִיךְ לְדָא, אַשְׁכִּין וְאַשְׁרֵי יִישׁוּבָא
אָזְרָא, בְּהִיפוּכָא. בְּשַׁעֲתָא דְּאִתְחֲרִיב בֵּי מַקְדְּשָׁא,
סָלִיק לִכְבוֹד עִילָאָה לְעֵילָּא, וְאַזְעֵיר דְּיוֹקְנֵיהּ
מִכְּמָה דַּהֲוַות. וְכוּרְסְיָיא נָטִיל מִנֵּיהּ וְאִתְפָּרַשׁ:

וַיִּשְׁכֵּן, אוֹתוֹ שֶׁגֵּרַשׁ אֶת זֶה, הִשְׁכִּין וְהִשְׁרָה
יִשּׁוּב אַזְוֹר בְּהִפּוּכוֹ. בְּשָׁעָה שֶׁנֶּחֱרַב בֵּית
הַמִּקְדָּשׁ, סִלֵּק אֶת הַכָּבוֹד הָעֶלְיוֹן לְמַעְלָה,
וְהִמְעִיט דְּמוּתוֹ מִכְּמוֹ שֶׁהָיָה, וְהַכִּסֵּא נָסַע
מִמֶּנּוּ וְנִפְרַד.

כִּבְיָכוֹל אַשְׁרֵי לְגַן עֵדֶן עִם כְּרוּבִים לְתַתָּא,
וְאִתְפָּרַשׁ מֵהַהוּא כָּבוֹד עִילָאָה. וְאַשְׁרֵי לְהַהִיא

לַהַט הַחֶרֶב, לְמֵיקָם בְּדוּכְתָּא דְּרַבָּנוּתֵיהּ, לְמֵיטָר וּלְמֵישָׁאב וּלְמַסְתִּיר, הַהוּא אוֹרֵז דְּאִנְגִּיד מֵעֵץ הַחַיִּים:

כִּבְיָכוֹל הִשְׁרָה אֶת גַּן הָעֵדֶן עִם הַכְּרוּבִים לְמַטָּה, וְנִפְרָד מֵאוֹתוֹ הַכָּבוֹד הָעֶלְיוֹן, וְהִשְׁרָה אֶת אוֹתָהּ לַהַט הַחֶרֶב, לַעֲמֹד בִּמְקוֹם גְּבִרְתּוֹ, לִשְׁמֹר וְלִשְׁאֹב וּלְהַסְתִּיר אוֹתָהּ הַדֶּרֶךְ שֶׁשּׁוֹפַעַת מֵעֵץ הַחַיִּים.

וּשְׁלֹמֹה מַלְכָּא צַוּוֹז וְאָמַר – תַּחַת[12] שָׁלוֹשׁ רָגְזָה אֶרֶץ כו', תַּחַת[13] עֶבֶד כִּי יִמְלוֹךְ כו', וְשִׁפְחָה[14] כִּי תִירַשׁ גְּבִרְתָּהּ. שִׁפְחָה לְגוֹ, גְּבִירְתָּהּ לְבַר. אֵיכָה יָשְׁבָה בָּדָד, מַאי בָּדָד. כְּמָא דְאַתְּ אָמֵר, בָּדָד יֵשֵׁב מִחוּץ לַמַּחֲנֶה מוֹשָׁבוֹ:

וּשְׁלֹמֹה הַמֶּלֶךְ צָוּוֹז וְאוֹמֵר – תַּחַת שָׁלוֹשׁ רָגְזָה אֶרֶץ כו' תַּחַת עֶבֶד כִּי יִמְלוֹךְ כו' וְשִׁפְחָה כִּי תִירַשׁ גְּבִרְתָּהּ. הַשִּׁפְחָה בִּפְנִים, גְּבִרְתָּהּ בַּחוּץ. אֵיכָה יָשְׁבָה בָּדָד, מַה זֶּה בָּדָד? כְּמוֹ שֶׁנֶּאֱמַר בָּדָד יֵשֵׁב מִחוּץ לַמַּחֲנֶה מוֹשָׁבוֹ.

אֵיכָה יָשְׁבָה בָּדָד, רַבִּי חֲנִינָאי וְרַבָּנָן פָּתְחֵי קְרָא

12 משלי ל כא
13 משלי ל כב
14 משלי ל כג

בָּאָדָם הָרִאשׁוֹן – וַיְקַזֵּז[15] ה' אֱלֹהִים אֶת הָאָדָם
וַיַּנִּיחֵהוּ בְגַן עֵדֶן וְגוֹ'. וַיְקַזֵּז, בַּמֶּה לִקְזֵזוֹ. רַבִּי זְנִינָאִי
אָמַר, לִקְזֵזוֹ בִּדְבָרִים. כִּדְבָר אַחֵר – קִזֵּז[16] אֶת
אַהֲרֹן. וְרַבָּנָן אָמְרוּ, לִקְזֵזוֹ בְּרוּחַ. כִּדְבָר אַחֵר –
הַיּוֹם[17] ה' לֹקֵחַ אֶת אֲדֹנֶיךָ מֵעַל רֹאשֶׁךָ:

אֵיכָה יָשְׁבָה בָדָד, רַבִּי זְנִינָא וְרַבָּנָן פּוֹתְזִים
הַכָּתוּב בָּאָדָם הָרִאשׁוֹן – וַיְקַזֵּז ה' אֱלֹהִים
אֶת הָאָדָם וַיַּנִּיחֵהוּ בְגַן עֵדֶן וְגוֹ'. וַיְקַזֵּז, בַּמֶּה
לִקְזֵזוֹ? רַבִּי זְנִינָאִי אָמַר, לִקְזֵזוֹ בִּדְבָרִים,
כְּמוֹ שֶׁנֶּאֱמַר – קִזֵּז אֶת אַהֲרֹן. וְרַבָּנָן אָמְרוּ,
לִקְזֵזוֹ בְּרוּחַ, כְּמוֹ שֶׁנֶּאֱמַר – הַיּוֹם ה' לֹקֵחַ אֶת
אֲדֹנֶיךָ מֵעַל רֹאשֶׁךָ.

וַיַּנִּיחֵהוּ בְגַן עֵדֶן, כְּדֵי לִהְיוֹת לוֹ מְנוּזָה, לָדַעַת
וּלְהַכִּיר הַחָכְמָה וְהַתּוֹרָה. דְּאָמַר רַבִּי זְנִינָאִי,
הַתּוֹרָה לִימְדָהּ הַקָּדוֹשׁ בָּרוּךְ הוּא לְאָדָם. הֲדָא
הוּא דִכְתִיב – אָז[18] רָאָה וַיְסַפְּרָהּ וְגוֹ', וַיֹּאמֶר לְאָדָם.
וְהָיוּ מַלְאֲכֵי הַשָּׁרֵת מְקַלְסִין לְפָנָיו:

וַיַּנִּיחֵהוּ בְגַן עֵדֶן, כְּדֵי לִהְיוֹת לוֹ מְנוּזָה,
לָדַעַת וּלְהַכִּיר הַחָכְמָה וְהַתּוֹרָה. שֶׁאָמַר רַבִּי
זְנִינָאִי, הַתּוֹרָה לִמְּדָהּ הַקָּדוֹשׁ בָּרוּךְ הוּא
אֶת הָאָדָם. זֶהוּ שֶׁכָּתוּב – אָז רָאָה וַיְסַפְּרָהּ

---

[15] בראשית ב טו

[16] ויקרא ח ב

[17] מלכים-ב ב ג

[18] איוב כח כז

וְגוֹ', וַיֹּאמֶר לְאָדָם. וְהָיוּ מַלְאֲכֵי הַשָּׁרֵת
מְקַלְסִים לְפָנָיו.

עַד שֶׁרָאָה סמא"ל לֵיהּ בַּשָּׁמַיִם, וְנִתְקַנֵּא בּוֹ, וְיָרַד
מִן הַשָּׁמַיִם כִּדְמוּת צֵל עַל נָזוּשׁ. הַנָּזוּשׁ נִרְאָה,
וְהַצֵּל עָלָיו, תָּקְפָא וְחֵילָא דִּילֵיהּ:

עַד שֶׁרָאָה סמא"ל בַּשָּׁמַיִם, וְנִתְקַנֵּא בּוֹ, וְיָרַד
מִן הַשָּׁמַיִם כִּדְמוּת צֵל עַל נָזוּשׁ. הַנָּזוּשׁ
נִרְאָה, וְהַצֵּל עָלָיו, הַתֹּקֶף וְהַכֹּחַ שֶׁלּוֹ.

קָרֵיב הַהוּא נָזוּשׁ לְגַבֵּי אִתְּתָא, דְּדַעְתָּא קַלָּה מִן
הָאִישׁ. מִכָּאן דְּאִתְּתָא לָא אִתְפַּתַּת, אֶלָּא בְּאִתְּתָא
אָחֳרָא. וַיֹּאמֶר[19] אֶל הָאִשָּׁה, אַף כִּי אָמַר אֱלֹהִים,
מִיָּד פָּתַזּ בְּאַף. מֵהָכָא, דְּבִתְחֹזֶלֶת דְּבָרָיו שֶׁל אָדָם
נִכָּר מִי הוּא. כָּךְ הוּא פָּתַזּ בְּאַף, לְהוֹדִיעַ מִי הוּא:

קָרֵב אוֹתוֹ הַנָּזוּשׁ לָאִשָּׁה, שֶׁדַּעְתָּהּ קַלָּה מִן
הָאִישׁ. מִכָּאן שֶׁאִשָּׁה לֹא מִתְפַּתֵּית אֶלָּא
בְּאִשָּׁה אַחֶרֶת. וַיֹּאמֶר אֶל הָאִשָּׁה, אַף כִּי
אָמַר אֱלֹהִים, מִיָּד פָּתַזּ בְּאַף. מִכָּאן
שֶׁבִּתְחֹזֶלֶת דְּבָרָיו שֶׁל אָדָם נִכָּר מִי הוּא. כָּךְ
הוּא פָּתַזּ בְּאַף, לְהוֹדִיעַ מִי הוּא.

נָטַל סִימָן זֶה, אִם תְּקַבֵּל, אִם לֹא תְּקַבֵּל.
וְהִמְשִׁיכָהּ בִּדְבָרִים, עַד שֶׁפַּתְזָהּ בְּאוֹת מ"ם,

וְאָמְרָה מִכֹּל עֵץ הַגָּן אָכֹל נֹאכֵל. מִיָּד נָטַל הַנָּחָשׁ הָאוֹת, וַיָּשֶׂם אוֹתָהּ עַל זְרוֹעוֹ הַשְּׂמָאלִית, וְהָיָה מַמְתִּין עַל וָא"ו תי"ו מִפִּיהָ, כְּדֵי לִהְיוֹת מ"ת נָכוֹן לִפְנֵיהֶם:

נָטַל סִימָן זֶה – אִם תְּקַבֵּל, אִם לֹא תְקַבֵּל. וְהִמְשִׁיכָה בַּדְּבָרִים, עַד שֶׁפָּתְזָה בָּאוֹת מ"ם, וְאָמְרָה מִכֹּל עֵץ הַגָּן נֹאכֵל. מִיָּד נָטַל הַנָּחָשׁ אוֹת מ', וַיָּשֶׂם אוֹתָהּ עַל זְרוֹעוֹ הַשְּׂמָאלִית, וְהָיָה מַמְתִּין עַל ו' ת' מִפִּיהָ, כְּדֵי לִהְיוֹת מ"ת נָכוֹן לִפְנֵיהֶם.

הִתְחִיל לְפַתּוֹתָהּ, עַד דִּכְתִיב – וַתֵּרֶא הָאִשָּׁה,[20] בְּטַעְמָא סַגִּי וְתַקִּיף. מְלַמֵּד, שֶׁפָּרְזוּ הָאוֹתִיּוֹת וָא"ו תי"ו, וְסָלְקוּ לְהִתְחַבֵּר עִם אוֹת מ"ם. וְאוֹת מ"ם הָיְתָה עוֹלָה וְיוֹרֶדֶת, וְלֹא הָיְתָה מִתְחַבֶּרֶת עִמָּהֶם, עַד שֶׁנִּתְפַּתִּית:

הִתְחִיל לְפַתּוֹתָהּ, עַד שֶׁכָּתוּב – וַתֵּרֶא הָאִשָּׁה, בְּטַעַם גָּדוֹל וְתַקִּיף. מְלַמֵּד שֶׁפָּרְזוּ הָאוֹתִיּוֹת ו' ת', וְעָלוּ לְהִתְחַבֵּר עִם הָאוֹת מ', וְהָאוֹת מ"ם הָיְתָה עוֹלָה וְיוֹרֶדֶת, וְלֹא הָיְתָה מִתְחַבֶּרֶת עִמָּהֶם, עַד שֶׁנִּתְפַּתִּית.

וּפָרְזוּ וָא"ו תי"ו, אַרְבַּע זְמַנִּין, וַאֲקִיפוּ לְאוֹת מ"ם

<hr>

[20] בראשית ג ו

לְאַרְבַּע סִטְרִין. דִּכְתִיב – וַתֶּקַח[21] מִפָּרְיוֹ וַתֹּאכַל וַתִּתֵּן גַּם לְאִישָׁהּ וַתִּפָּקַחְנָה עֵינֵי שְׁנֵיהֶם. הָא אַרְבַּע זִמְנִין ו' ת'. מְלַמֵּד, שֶׁסִּבְבוּ לְאוֹת מ"ם לְאַרְבַּע צְדָדִין, וְהַמֵּ"ם בָּאֶמְצַע, מָוֶת בְּכָל סִטְרִין:

וּפָרְזַזוּ וָא"וּ תָי"וּ אַרְבַּע פְּעָמִים, וְהִקִּיפוּ אֶת הָאוֹת מ"ם לְאַרְבָּעָה צְדָדִים, שֶׁכָּתוּב – וַתִּקַּח מִפִּרְיוֹ וַתֹּאכַל וַתִּתֵּן גַּם לְאִישָׁהּ וְכוּ' וַתִּפָּקַחְנָה עֵינֵי שְׁנֵיהֶם. הִנֵּה אַרְבַּע פְּעָמִים ו' ת'. מְלַמֵּד שֶׁסִּבְבוּ לְאוֹת מ"ם לְאַרְבָּעָה צְדָדִים, וְהַמֵּ"ם בָּאֶמְצַע, מָוֶת בְּכָל הַצְּדָדִים.

כְּמוֹ שֶׁנֶּאֱמַר – כִּי[22] עָלָה מָוֶת בַּחַלּוֹנֵינוּ. דָּא סמא"ל, דְּאִיהוּ זַד מִזַּלּוֹנֵי שְׁמַיָּא. וְעַל דָּא – מִי[23] גֶבֶר יִחְיֶה וְלֹא יִרְאֶה מָוֶת. מִיָּד שָׁלַט בָּהּ, וְהִטִּיל בָּהּ זוּהֲמָא. נָזַת קוּדְשָׁא בְּרִיךְ הוּא לְמֵיזְמֵי, וְיִתְחַזְּבָא הָאָדָם וְאִשְׁתּוֹ:

כְּמוֹ שֶׁנֶּאֱמַר – כִּי עָלָה מָוֶת בְּחַלּוֹנֵינוּ, זֶה סמא"ל, שֶׁהוּא אֲזַד מֵחַלּוֹנוֹת הַשָּׁמַיִם. וְעַל זֶה – מִי גֶבֶר יִחְיֶה וְלֹא יִרְאֶה מָוֶת. מִיָּד שָׁלַט בָּהּ וְהִטִּיל בָּהּ זֻהֲמָא. יָרַד הַקָּדוֹשׁ בָּרוּךְ הוּא לִרְאוֹת, וַיִּתְחַזְּבָא הָאָדָם וְאִשְׁתּוֹ.

---

[21] בראשית ג ו
[22] ירמיהו ט כ
[23] תהלים פט מט

תָּא חֲזֵי, קוֹדֶם שֶׁחָטְאוּ, הָיְתָה הַשְּׁכִינָה עֲטָרָה עַל
רָאשֵׁיהֶם, לִהְיוֹת בִּשְׁבִילָם שׁוֹרָה עַל הָעוֹלָם. כֵּיוָן
שֶׁחָטְאוּ, כִּבְיָכוֹל, תָּשׁ כֹּחָהּ, וְאִסְתַּלְּקָת וְלֹא
שַׁלִּיטַת. וְקוּדְשָׁא בְּרִיךְ הוּא שָׁארֵי לְקוֹנֵן, וְאָמַר
אֵיכָה, מַה תְּהֵא מִינָהּ, שָׁלְטָנוּתָא אַעֲדוּ מִינָהּ. אוּף
הָכָא בְּזוֹוּרְבָּן בֵּי מַקְדְּשָׁא, שׁוּלְטָנוּתָא אַעֲדוּ,
וְקוּדְשָׁא בְּרִיךְ הוּא שָׁארֵי לְמִיסְפַּד, וְאָמַר אֵיכָה,
מַה תְּהֵא עֲלֵיהּ:

בֹּא וּרְאֵה, קֹדֶם שֶׁחָטְאוּ הָיְתָה הַשְּׁכִינָה
עֲטָרָה עַל רָאשֵׁיהֶם, לִהְיוֹת בִּשְׁבִילָם שׁוֹרָה
עַל הָעוֹלָם. כֵּיוָן שֶׁחָטְאוּ, כִּבְיָכוֹל תָּשׁ כֹּחָהּ,
וְהִסְתַּלְּקָה וְלֹא שָׁלְטָה. וְהַקָּדוֹשׁ בָּרוּךְ הוּא
הִתְחִיל לְקוֹנֵן, וְאָמַר אֵיכָה, מַה יְּהֵא מִמֶּנָּה?
הַשִּׁלְטוֹן הוּסַר מִמֶּנָּה. אַף כָּאן בְּזֶרְבָּן בֵּית
הַמִּקְדָּשׁ הַשִּׁלְטוֹן הוּסַר, וְהַקָּדוֹשׁ בָּרוּךְ הוּא
הִתְחִיל לִסְפֹּד, וְאוֹמֵר אֵיכָה, מַה תְּהֵא
עֲלֵיהּ?

אֵיכָה, רַבִּי פִּנְחָס פָּתַח [24] – קוֹל בְּרָמָה נִשְׁמָע נְהִי
בְּכִי תַמְרוּרִים וְגוֹ'. בְּשַׁעֲתָא דְּאִתְחֲרַב בֵּי מַקְדְּשָׁא,
וְאִתּוֹקַד. אֲתָא קָלָא וְאִיתְעַר עַל קִבְרֵי אֲבָהָן
קַדְמָאֵי, וְאָמַר, אֲבָהָן קַדְמָאֵי, אַתּוּן דְּמִיכִין
בְּשֵׁינָתָא, וְלֹא יָדְעִיתוּן צַעֲרָא דְעָלְמָא, בְּנֵיכוֹן
דְּגַדֵּלְתּוּן בְּצַעֲרָא, וְאַעֲלֵיתוּן בְּהֵימְנוּתָא סַגֵּי

---

[24] ירמיהו לא יד

דְּקֻודְשָׁא בְּרִיךְ הוּא, הָא מִיתוּ, וְהָא אִתְקְטָלוּ, וְהָא
אַזְלוּ בְּגָלוּתָא בֵּין שַׂנְאֵיהוֹן, יְדֵיהוֹן מְהַדְּקָן
לְאַזְוֹרָא, מַיְיתִין בְּכַפְנָא, בָּתֵּיהוֹן אִתּוֹקַד. אָן רַזְמִין
דִּילְכוֹן, אָן מְהֵימְנוּתָא דִילְכוֹן, קוּמוּ אִתְעָרוּ
לְגַבַּיְיהוּ:

אֵיכָה, רַבִּי פָּנְזֶס פָּתַח - קוֹל בְּרָמָה נִשְׁמָע
נְהִי בְּכִי תַמְרוּרִים וְגוֹ'. בְּשָׁעָה שֶׁנֶּחֱרַב בֵּית
הַמִּקְדָּשׁ וְנִשְׂרַף, בָּא קוֹל וְהִתְעוֹרֵר עַל קִבְרֵי
הָאָבוֹת הָרִאשׁוֹנִים, וְאָמַר: אָבוֹת
הָרִאשׁוֹנִים, אַתֶּם רְדוּמִים בְּשֵׁנָה, וְאֵינְכֶם
יוֹדְעִים עַל צַעַר הָעוֹלָם. בְּנֵיכֶם שֶׁגִּדַּלְתֶּם
בְּצַעַר, וְהִכְנַסְתֶּם אוֹתָם לָאֱמוּנָה הָרַבָּה שֶׁל
הַקָּדוֹשׁ בָּרוּךְ הוּא, הִנֵּה מֵתוּ, וְהִנֵּה נֶהֶרְגוּ,
וְהִנֵּה הָלְכוּ לַגָּלוּת בֵּין שׂוֹנְאֵיהֶם, יְדֵיהֶם
מְהֻדָּקוֹת לָאֵזוֹר, מֵתִים בְּרָעָב, בָּתֵּיהֶם
נִשְׂרְפוּ. אַיֵּה הָרַזְמִים שֶׁלָּכֶם? אַיֵּה
אֱמוּנַתְכֶם? קוּמוּ הִתְעוֹרְרוּ אֲלֵיהֶם!

מִיָּד אִתְעָרוּ אַבָהָן וְאִמָהָן, וַאֲזָלוּ לְגַבֵּי מֹשֶׁה, אֲמָרוּ
לֵיהּ, מֹשֶׁה רַעְיָא מְהֵימְנָא, אָן אִינוּן בְּנִין, אָן שָׁבַקְתְּ
לוֹן. מִיָּד אִתְעַר מֹשֶׁה, וַאֲזַל עִמְּהוֹן לְגַבֵּי יְהוֹשֻׁעַ.
אֲמַר לֵיהּ, בְּנֵי אֲבָהָן אִלֵּין, בְּנֵי יִשְׂרָאֵל, דְּפַקֵּדְנִי
קֻודְשָׁא בְּרִיךְ הוּא עֲלֵיהוֹן, וְשַׁבְקִית לוֹן בִּידָךְ, אָן
אִינוּן:

מִיָּד הִתְעוֹרְרוּ הָאָבוֹת וְהָאִמָּהוֹת וְהָלְכוּ אֶל

מֹשֶׁה. אָמְרוּ לוֹ: מֹשֶׁה הָרוֹעֶה הַנֶּאֱמָן, אֵיפֹה
הַבָּנִים? אֵיפֹה הִשְׁאַרְתָּ אוֹתָם? מִיָּד הִתְעוֹרֵר
מֹשֶׁה, וְהָלַךְ עִמָּהֶם אֶל יְהוֹשֻׁעַ. אָמַר לוֹ: בְּנֵי
הָאָבוֹת הַלָּלוּ, בְּנֵי יִשְׂרָאֵל, שֶׁהִפְקִיד אוֹתִי
הַקָּדוֹשׁ בָּרוּךְ הוּא עֲלֵיהֶם, וְהִשְׁאַרְתִּי אוֹתָם
בְּיָדְךָ, אֵיפֹה הֵם?

אָתִיב יְהוֹשֻׁעַ וַאֲמַר, רַבֵּינוּ מֹשֶׁה, בְּאַרְעָא קַדִּישָׁא
שְׁבָקִית לוֹן, וּפְלֵיגִית לוֹן אַרְעָא עַל פּוּם עַדְבָא,
כְּמָה דְּפַקְדַּתָּנִי, וְכֻלְּהוּ שְׁבָקִית גְּבַר עַל אַזְסַנְתֵּיהּ
וְעַל עַדְבֵיהּ:

הֵשִׁיב יְהוֹשֻׁעַ וְאָמַר: רַבֵּנוּ מֹשֶׁה, בָּאָרֶץ
הַקְּדוֹשָׁה הִשְׁאַרְתִּי אוֹתָם, וְחִלַּקְתִּי לָהֶם
הָאָרֶץ עַל פִּי גוֹרָל, כְּמוֹ שֶׁצִּוִּיתַנִי, וְכֻלָּם
הִשְׁאַרְתִּי אִישׁ עַל נַחֲלָתוֹ וְעַל גּוֹרָלוֹ.

וּמִיָּד אֲזָלוּ כּוּלְּהוּ לְאַרְעָא קַדִּישָׁא, וְאַשְׁכְּחוּ לָהּ
דְּאִתְחֲרַבָא, דְּלָא אִשְׁתְּמַע בָּהּ קָלָא. עָאלוּ גַבֵּי
מַקְדְּשָׁא, וְזָמוּ דְּאִתּוֹקַד. עֲבָדוּ בֵּיהּ הֶסְפֵּידָא, עַד
דְּאִשְׁתְּמַע קָל מְרִירוּ דִּבְכִיָּה לְרוּם שְׁמַיָּא, וְכָל
מַלְאֲכֵי עִלָּאֵי בְּכוּ עִמְּהוֹן לְעֵילָּא:

וּמִיָּד הָלְכוּ כֻלָּם לָאָרֶץ הַקְּדוֹשָׁה, וּמָצְאוּ
אוֹתָהּ שֶׁנֶּחֱרְבָה, שֶׁאֵין נִשְׁמַע בָּהּ קוֹל. נִכְנְסוּ
לַמִּקְדָּשׁ, וְרָאוּ שֶׁנִּשְׂרַף. עָשׂוּ בּוֹ הֶסְפֵּד, עַד
שֶׁנִּשְׁמַע קוֹל מְרִירוּת הַבְּכִיָּה לְרוּם הַשָּׁמַיִם,

וְכָל הַמַּלְאָכִים הָעֶלְיוֹנִים בָּכוּ עִמָּהֶם לְמַעְלָה.

אִיתְעַר קוּדְשָׁא בְּרִיךְ הוּא וַאֲתָא לְגַבֵּיהוֹן, וְאַשְׁכַּח לוֹן מְמָרְרִין בְּקָל בְּכִיָה, גּוֹ עַפְרָא דְמַקְדְּשָׁא. אָמַר לוֹן, רְחִזיּמִין דְּנַפְשָׁאי, מָה אַתּוּן הָכָא – מַה [25] לִידִידִי בְּבֵיתִי:

הִתְעוֹרֵר הַקָּדוֹשׁ בָּרוּךְ הוּא וּבָא אֲלֵיהֶם, וּמָצָא אוֹתָם מְמָרְרִים בְּקוֹל בְּכִיָה בְּתוֹךְ עֲפַר הַמִּקְדָּשׁ. אָמַר לָהֶם: אֲהוּבֵי נַפְשִׁי, מָה אַתֶּם כָּאן? מֶה לִידִידִי בְּבֵיתִי?

קָם אַבְרָהָם סָבָא בְּקַדְמִיתָא, אָמַר קַמֵּיהּ מָארֵי דְעָלְמָא, אַתְּ יָדַעְתְּ דְּאָזְלִית קַמָּךְ בְּאוֹרַח קְשׁוֹט. עֲשַׂר זִמְנִין נָסִית לִי, וְקַיְימִית בְּכֹלָּא. בָּנַי אָן אִינּוּן, לָא שְׁמַעְנָא קָל מִלֵּיהוֹן בְּאַרְעָא דְּאוֹמֵית לִי, לְקַיְּימָא לְהוֹן בָּהּ:

קָם אַבְרָהָם הַזָּקֵן בָּרִאשׁוֹנָה, אָמַר לִפְנֵי רִבּוֹן הָעוֹלָם: אַתָּה יָדַעְתָּ שֶׁהָלַכְתִּי לְפָנֶיךָ בְּדֶרֶךְ אֱמֶת. עֶשֶׂר פְּעָמִים נִסִּיתָ אוֹתִי, וְעָמַדְתִּי בַּכֹּל. אֵיפֹה הֵם בָּנַי? לֹא שָׁמַעְתִּי קוֹל דִּבְרֵיהֶם בָּאָרֶץ שֶׁנִּשְׁבַּעְתָּ לִי לְקַיֵּם אוֹתָם בָּהּ.

אָמַר לֵיהּ קוּדְשָׁא בְּרִיךְ הוּא, אִי אַבְרָהָם רְחִימָא
דְנַפְשָׁאי – וּבְשַׂר[26] קֹדֶשׁ יַעַבְרוּ מֵעָלָיִךְ. בְּטִילוּ
מִנַּיְיהוּ בְּרִית קַדִּישָׁא, וּפַלְחוּ עֲבוֹדָה זָרָה, וְעַל
דָּא אִיתְקְפַת רוּגְזָאי בְּהוֹן, וּבְגִינָךְ אוֹרִיךְ לוֹן כַּמָּה
זִמְנִין, וְלָא תָבוּ קֳדָמַי:

אָמַר לוֹ הַקָּדוֹשׁ בָּרוּךְ הוּא: אִי אַבְרָהָם
אֲהוּב נַפְשִׁי, וּבְשַׂר קֹדֶשׁ יַעַבְרוּ מֵעָלָיִךְ.
בְּטִלוּ מֵהֶם בְּרִית הַקֹּדֶשׁ וְעָבְדוּ לַעֲבוֹדָה
זָרָה, וְעַל כֵּן הִתְגַּבֵּר רָגְזִי עֲלֵיהֶם, וּבִגְלָלְךְ
זִכִּיתִי לָהֶם כַּמָּה פְעָמִים, וְלֹא שָׁבוּ לְפָנַי.

כֵּיוָן דְּשָׁמַע אַבְרָהָם כָּךְ אָמַר יִמָּחוּ עַל קְדוּשַׁת
שְׁמָךְ כָּל אִינוּן וְחוֹבֵיהוֹן בֵּינֵי עַמְמַיָא, עַד דִּיהֵא
רַעֲוָוא דִילָךְ לְאָתָבָא לוֹן לְגַבָּךְ. וְכֵן כֻּלְּהוּ כְּגַוְונָא
דָא, וַאֲזָלוּ לְהוּ:

כֵּיוָן שֶׁשָּׁמַע אַבְרָהָם כָּךְ, אָמַר: יִמָּחוּ עַל
קְדֻשַּׁת שְׁמָךְ כָּל אוֹתָם וְחַטָּאֵיהֶם בֵּין
הָעַמִּים, עַד שֶׁיִּהְיֶה רְצוֹנְךְ לַהֲשִׁיבָם אֵלֶיךְ.
וְכֵן כֻּלָּם כְּמוֹ זֶה, וְהָלְכוּ לָהֶם.

אִשְׁתָּאֲרַת תַּמָּן רָזֵל, וַאֲרִימַת קָל בְּכִיָּה בִּמְרִירוּ
דִתְמְרוּרִים, אָמַר לָהּ קוּדְשָׁא בְּרִיךְ הוּא, רָזֵל, מָה
אַתְּ מְבַכָּה. אָמְרָה קַמֵּיהּ, וְלֹא אֶבְכֶּה, בָּנַי אָן אִינוּן,
וּמָה וְחַטָּאן לְגַבָּךְ. אָמַר לָהּ עָאלוּ צָרָתִי לְקָמַי,

<hr>

וְאָעֵילוּ לָהּ בְּבֵיתִי. מִיָּד אָמְרָה, וְכִי לָא עֲבָדִית אֲנָא יַתִּיר, דְּאָעֵילְנָא צָרָתִי בְּבֵיתִי:

נִשְׁאֲרָה שָׁם רָחֵל, וְהֵרִימָה קוֹל בְּכִיָּה בִּמְרִירוּת שֶׁל תַּמְרוּרִים. אָמַר לָהּ הַקָּדוֹשׁ בָּרוּךְ הוּא: רָחֵל, מַה אַתְּ מְבַכָּה? אָמְרָה לְפָנָיו: וְלֹא אֶבְכֶּה?! אֵיפֹה הֵם בָּנַי, וּמַה חָטְאוּ אֵלֶיךָ? אָמַר לָהּ: הַכְנִיסוּ צָרָתִי לְפָנַי, וְהִכְנִיסוּהָ לְבֵיתִי. מִיָּד אָמְרָה: וְכִי אֲנִי לֹא עָשִׂיתִי יוֹתֵר, שֶׁהִכְנַסְתִּי צָרָתִי לְבֵיתִי?!

דִּתְנַן, בְּשַׁעֲתָא דִּכְתִיב – וַיַּגֵּד[27] יַעֲקֹב לְרָחֵל כִּי אֲחִי אָבִיהָ הוּא, אָמַר הַזְדַּוְּוגִי לְגַבָּאי, אָמְרָה לֵיהּ אֵין, אֲבָל אֲחוֹתָא אִית לִי קַשִּׁישָׁא מִינַּאי, וּמִסְתָּפֵינָא מֵאַבָּא, דְּרַמָּאָה אִיהוּ. מִיָּד וַיַּגֵּד יַעֲקֹב לְרָחֵל, כִּי אֲחִי אָבִיהָ הוּא בְּרַמָּאוּתָא:

שֶׁשָּׁנִינוּ, בְּשָׁעָה שֶׁכָּתוּב – וַיַּגֵּד יַעֲקֹב לְרָחֵל כִּי אֲחִי אָבִיהָ הוּא, אָמַר: הִתְחַבְּרִי לִי? אָמְרָה לוֹ: כֵּן, אֲבָל אָחוֹת יֵשׁ לִי קְשִׁישָׁה מִמֶּנִּי, וַאֲנִי פוֹחֶדֶת מֵאַבָּא, שֶׁהוּא רַמַּאי. מִיָּד – וַיַּגֵּד יַעֲקֹב לְרָחֵל כִּי אֲחִי אָבִיהָ הוּא, בְּרַמָּאוּת.

מִיָּד יָהַב לָהּ סִימָנִין. כֵּיוָן דְּעָאלַת לֵאָה בְּהַהוּא לֵילְיָא, אָמְרָה רָחֵל, הַשְׁתָּא מִתְכַּסְפָא אֲחָזתִי, אָזְלַת וּמָסְרָה לָהּ סִימָנִין:

מִיָּד נָתַן לָהּ סִימָנִים. כֵּיוָן שֶׁנִּכְנְסָה לְאָה
בְּאוֹתוֹ הַלַּיְלָה, אָמְרָה רָחֵל, כָּעֵת תִּתְבַּיֵּשׁ
אֲחוֹתִי. הָלְכָה וּמָסְרָה לָהּ הַסִּימָנִים.

וְעַל דָּא אָמְרָה לְגַבֵּי קוּדְשָׁא בְּרִיךְ הוּא, וַאֲנָא לָא
עֲבָדִית יַתִּיר, דְּאָעֵילְנָא צָרָתִי בְּבֵיתִי. וְאַתְּ דִּכְתִיב
בָּךְ, רַחוּם וְחַנּוּן אֶרֶךְ אַפַּיִם, הֲוָה לָךְ לְאַעְבָּרָא עַל
חוֹבֵיהוֹן:

וְעַל זֶה אָמְרָה אֶל הַקָּדוֹשׁ בָּרוּךְ הוּא: וַאֲנִי
לֹא עָשִׂיתִי יוֹתֵר, שֶׁהִכְנַסְתִּי צָרָתִי לְבֵיתִי?!
וְאַתָּה, שֶׁכָּתוּב בְּךָ רַחוּם וְחַנּוּן אֶרֶךְ אַפַּיִם,
הָיָה לְךָ לְהַעֲבִיר עַל חֲטָאֵיהֶם.

וּבְכָל מַה דַּאֲמַר לָהּ, לָא קַבֵּילַת תַּנְחוּמִין. הֲדָא
הוּא דִכְתִיב – קוֹל[28] בְּרָמָה נִשְׁמַע וְגוֹ', כִּי אֵינֶנּוּ. לָא
בָּעָאת לְקַבְּלָא תַּנְחוּמִין. מַאי טַעְמָא. בְּגִין כִּי אֵינֶנּוּ,
כֵּיוֹמִין קַדְמָאִין לְאַשְׁרָאָה בֵּינַיְיהוּ, וְהָא אִסְתַּלַּק
לְעֵילָא:

וּבְכָל מַה שֶּׁאָמַר לָהּ, לֹא קִבְּלָה תַּנְחוּמִים.
וְזֶהוּ שֶׁכָּתוּב – קוֹל בְּרָמָה נִשְׁמָע וְגוֹ', כִּי אֵינֶנּוּ.
לֹא רוֹצָה לְקַבֵּל תַּנְחוּמִים. מַה הַטַּעַם?
מִשּׁוּם כִּי אֵינֶנּוּ, כַּיָּמִים הָרִאשׁוֹנִים לִשְׁרוֹת
בֵּינֵיהֶם, וַהֲרֵי הִסְתַּלֵּק לְמַעְלָה.

---

[28] ירמיהו לא יד

וּבְגִין דְּכִי אֵינְנּוּ בְּגוֹ בְּנָהָא, לָא קַבָּלִית תַּנְחוּמִין, עַד דְּאוֹמֵי לָהּ. דִּכְתִיב – כֹּה[29] אָמַר ה' מִנְעִי קוֹלֵךְ מִבֶּכִי וְעֵינַיִךְ מִדִּמְעָה:

וּמִשּׁוּם שֶׁכִּי אֵינֶנּוּ בְּתוֹךְ בָּנֶיהָ, לֹא מְקַבֶּלֶת תַּנְחוּמִים, עַד שֶׁנִּשְׁבַּע לָהּ, שֶׁכָּתוּב – כֹּה אָמַר ה' מִנְעִי קוֹלֵךְ מִבֶּכִי וְעֵינַיִךְ מִדִּמְעָה.

כַּמָה דַּעֲבַדַת רָחֵל, אוּף הָכִי שְׁכִינְתָּא לְעֵילָא. כְּדִמְתַרְגֵּם קָל בְּרוּם שְׁמַיָּא אִשְׁתְּמַע, שְׁכִינְתָּא מְבַכָּה עַל בְּנָהָא. בְּהַהִיא שַׁעֲתָא דְּאִיהִי הֲוַת מְבַכָּה, אִתְעָרוּ לְגַבָּהּ שִׁתִּין רִבּוֹא מַשִׁרְיָין עִילָּאִין, וְכֻלְּהוּ אִיתְעָרוּ בְּכִיָּה לְגַבָּהּ:

כְּמוֹ שֶׁעָשְׂתָה רָחֵל, אַף כָּךְ הַשְּׁכִינָה לְמַעְלָה. כְּפִי שֶׁמְּתַרְגֵּם, קוֹל נִשְׁמַע בְּרוּם הַשָּׁמַיִם, הַשְּׁכִינָה מְבַכָּה עַל בָּנֶיהָ. בְּאוֹתָהּ הַשָּׁעָה שֶׁהִיא הָיְתָה מְבַכָּה, הִתְעוֹרְרוּ אֵלֶיהָ שִׁשִּׁים רִבּוֹא מַחֲנוֹת עֶלְיוֹנִים, וְכֻלָּם הֵעִירוּ אֵלֶיהָ בְּכִיָּה.

בְּהַהוּא שַׁעֲתָא, אִשְׁתְּמַע קָלָא לִרְקִיעַ עֲרָבוֹת, וְאִזְדַּעְזְעוּ מָאתָן אֶלֶף עָלְמִין, דַּהֲווֹ גְּנִיזֵי מִן יוֹמָא דְּאִתְבְּרֵי עָלְמָא, עַד דְּאִשְׁתְּמַע הַהוּא קָלָא לִרְום שְׁמַיָּא. וּמַאן אִיהוּ, דָּא רְקִיעַ כְּעֵין הַקָרוֹז הַנּוֹרָא, דְּאִיהוּ עַל גַּבֵּי הַזָּוִיּוֹת:

בְּאוֹתָהּ הַשָּׁעָה נִשְׁמַע קוֹל לְרָקִיעַ עֲרָבוֹת,
וְהוֹדִיעֲזֵעוּ מָאתַיִם אֶלֶף עוֹלָמוֹת שֶׁהָיוּ גְּנוּזִים
מִיּוֹם שֶׁנִּבְרָא הָעוֹלָם, עַד שֶׁנִּשְׁמַע אוֹתוֹ
הַקּוֹל לְרוּם הַשָּׁמַיִם. וּמִי הוּא? זֶה הָרָקִיעַ
כְּעֵין הַכָּרוֹז הַנּוֹרָא, שֶׁהוּא עַל גַּבֵּי הַחַיּוֹת.

עַד דְּאִתְגַּלִּית אִימָּא לִבְרַתָּא, וְאָמְרָה לָהּ, מִנְעִי
קוֹלֵךְ. כְּדֵין אִתְפָּרְשַׁת מִתַּמָּן, וַאֲזָלַת הִיא וְכָל
אוּכְלוּסְהָא בְּגָלוּתָא. וְאִצְטְרִיכוּ לְאִתְבַּדְּרָא לְכַמָּה
סִטְרִין, לְמֶחֱזֵי גָּלוּתָא לְכוֹלָּא, וְהִיא יָשְׁבָה בָדָד:
עַד שֶׁהִתְגַּלְּתָה הָאֵם לְבִתָּהּ, וְאָמְרָה לָהּ:
מִנְעִי קוֹלֵךְ. אָז נִפְרְדָה מִשָּׁם, וְהָלְכָה הִיא
וְכָל אוּכְלוּסִיָּה לַגָּלוּת, וְהִצְטָרְכוּ לְהִתְפַּזֵּר
לְכַמָּה צְדָדִים, שֶׁתִּהְיֶה גָּלוּת לַכֹּל, וְהִיא
יָשְׁבָה בָדָד.

רַבִּי נְזוּנְיָא אָמַר, אֵיכָה, מַאן אֲמַר דָּא, הַהוּא רוּזָ
עִלָּאָה נְעִימָאָה, עָלְמָא דְּאָתֵי. וְעַל דָּא, תֵּיבָה דָּא
רוּזְנִי אִיהוּ, וְלָא אִית בָּהּ שׁוּתָּפוּ כְּלָל, לָאו לִישָׁן
וְשִׁינַּיִין, וְלָאו שִׂפְוָון
כְּלָל:
רַבִּי נְזוּנְיָא אָמַר, אֵיכָה, מִי אָמַר זֶה? אוֹתָהּ
הָרוּזָ הָעֶלְיוֹנָה נְעִימָה, הָעוֹלָם הַבָּא. וְעַל זֶה
תֵּבָה זוֹ הִיא רוּזְנִית, וְאֵין בָּהּ שֻׁתָּפוּת כְּלָל,
לֹא לָשׁוֹן וְשִׁנַּיִם, וְלֹא שְׂפָתַיִם כְּלָל.

אֵימָא שְׁאֵלָה עַל בְּרַתָּה, דָּא קַרְקוּרָא דִּקִּיר, אֲדוֹן
רִבּוֹן רַב וְשַׁלִּיט, יָשְׁבָה, וְלָא עוֹמֶדֶת, בַּתִּזְלָה
עוֹמֶדֶת, וְכָל אֻכְלוּסֵיהָ עוֹמְדִים, הַשְׁתָּא יוֹשֶׁבֶת
וְשׁוֹמֵמָה. בָּדָד, כִּדְבַר אֲזַר בָּדָד יֵשֵׁב, כְּמָאן
דִּמְסָאֵיב בְּמִסְאֲבוּ, וְשִׁפְזָה כִּי תִירַשׁ גְּבִרְתָּה,
הַהִיא דַּהֲוַות מִסְאֲבָא, יַתְבָא בְּדוּכְתָּהָא:

הָאֵם שׁוֹאֶלֶת עַל בִּתָּהּ, זֶה קַרְקוּר הַקָּר,
אֲדוֹן רִבּוֹן, גָּדוֹל וְשַׁלִּיט, יָשְׁבָה, וְלֹא עוֹמֶדֶת,
בַּתִּזְלָה עוֹמֶדֶת, וְכָל אֻכְלוּסֶיהָ עוֹמְדִים.
כָּעֵת יוֹשֶׁבֶת וְשׁוֹמֵמָה. בָּדָד, כְּמוֹ שֶׁנֶּאֱמַר
בָּדָד יֵשֵׁב, כְּמִי שֶׁמִּטַּמֵּא בְּטֻמְאָה, וְשִׁפְזָה
כִּי תִירַשׁ גְּבִרְתָּהּ, הַהִיא שֶׁהָיְתָה טְמֵאָה,
יָשְׁבָה בִּמְקוֹמָהּ.

שַׁלְזוּ לְהוּ בְּנֵי בָּבֶל לִבְנֵי אַרְעָא קַדִּישָׁא, יָאוֹת
דְּאַתּוּן צְרִיכִין לְמִבְכֵּי, וְלְכוֹן יָאוֹת לְמִסְפַּד,
וּלְמֶעְבַּד אֶבְלָא, בְּמֶחֱזֵיכוֹן הֵיכָלִין דְּאִימָּא חֲרֵיבִין,
וַאֲתַר עַרְסָהּ דְּאִתְהַפַּךְ בְּאֶבְלָא, וְהוּא לֵית תַּמָּן,
וּפַרְזְזָא מִנְּכוֹן, וְלָא יְדַעְתּוּן מִינֵּהּ:

שָׁלְזוּ לָהֶם בְּנֵי בָּבֶל לִבְנֵי הָאָרֶץ הַקְּדוֹשָׁה:
רָאוּי שֶׁאַתֶּם צְרִיכִים לִבְכּוֹת, וְלָכֶם רָאוּי
לִסְפֹּד וְלַעֲשׂוֹת אֵבֶל, בִּרְאוֹתְכֶם אֶת הֵיכְלוֹת
הָאֵם חֲרֵבִים, וּמָקוֹם מִטָּתָהּ שֶׁהִתְהַפֵּךְ
בְּאֵבֶל, וְהִיא אֵינֶנָּה שָׁם, וּפַרְזְזָה מִכֶּם, וְלֹא
יְדַעְתֶּם מִמֶּנָּה.

תֵּימְרוּן דְּאִיהִי עַמָּא גּוֹ גָּלוּתָא, וְנָזְחַת דְּיוּרָה בְּגַוְונָא. אִי הָכִי, אֲנַן צְרִיכִין לְמֶחֱדֵי, דְּהָא יְחֶזְקֵאל נְבִיאָה חֲזָמָא לֵהּ הָכָא, וְכָל אוּכְלוּסָהָא:

תֹּאמְרוּ שֶׁהִיא עַמָּנוּ בְּתוֹךְ הַגָּלוּת וְהוֹרִידָה אֶת מְדוֹרָהּ? אִם כֵּן, אָנוּ צְרִיכִים לִשְׂמֹחַ, שֶׁהֲרֵי יְחֶזְקֵאל הַנָּבִיא רָאָה אוֹתָהּ כָּאן, וְכָל אוּכְלוּסִיָּה.

וַדַּאי, עַל דָּא אֲנַן צְרִיכִין לְמִבְכֵּי, וּלְמִסְפַּד כְּתַנִּינָא, וּכְיַעֲנֵי מַדְבְּרָא, דְּאִיהוּ אִתְתָּרְכַת לְבַר מֵהֵיכָלָהּ, וַאֲנַן בְּגָלוּתָא, וְהִיא אָתַת עֲלָנָא בִּמְרִירוּ, וְזִמְנָאת לָנָא בְּכָל יוֹמִין בְּכַמָּה עָאקוּ, בְּכַמָּה נִימוּסִין גְּזִירִין עֲלָנָא בְּכָל זְמַן, וְלָא יָכְלָא לְאַעֲדָאָה מִינָן עָאקִין, וְכָל אִינוּן מַכְתָּשִׁין דַּאֲנַן סָבְלִין:

וַדַּאי, עַל זֶה אָנוּ צְרִיכִים לִבְכּוֹת וְלִסְפֹּד כְּתַנִּין, וּכְיַעֲנוֹת הַמִּדְבָּר, שֶׁהִיא גֹּרְשָׁה מִחוּץ לְהֵיכָלָהּ, וְאָנוּ בַּגָּלוּת, וְהִיא בָּאָה עָלֵינוּ בִּמְרִירוּת, וְרוֹאָה אוֹתָנוּ בְּכָל הַיָּמִים בְּכַמָּה צָרוֹת, בְּכַמָּה הַנְהָגוֹת שֶׁגּוֹזְרִים עָלֵינוּ בְּכָל זְמַן, וְלֹא יְכוֹלָה לְהָסִיר מֵעַמֵּנוּ אֶת הַצָּרוֹת, וְכָל אוֹתָם הַמַּכּוֹת שֶׁאָנוּ סוֹבְלִים.

שָׁלְזוּ לְהוּ בְּנֵי אַרְעָא קַדִּישָׁא, יָאוֹת דְּאִימָּנָא עָרְקַת, וְאִתְתָּרְכַת מִגּוֹ הֵיכָלָהָא, וְנָזְחַת לְגַבַּיְיכוּ בִּמְרִירוּ וּבְקָל עָצִיב, כְּאִיתְּתָא דְּיָתְבָא בְּלָא

דְעָתָא, וּכְגַבְרָא דְלָא יָכִיל לְשֵׁיזָבָא, וְיָאוֹת לְכוֹן לְמִסְפַּד:

שֶׁלְּזוּ לָהֶם בְּנֵי הָאָרֶץ הַקְּדוֹשָׁה: נָאֶה הוּא שֶׁאָמְנוּ בְּרָזָה, וְגֵרְשָׁה מִתּוֹךְ הֵיכָלָה, וְיָרְדָה אֲלֵיכֶם בִּמְרִירוּת וּבְקוֹל עָצוּב, כְּאִשָּׁה שֶׁיּוֹשֶׁבֶת בְּלִי דַעַת, וּכְאִישׁ שֶׁלֹּא יָכוֹל לְהַצִּיל, וְנָאֶה לָכֶם לִסְפֹּד.

אֲבָל אֲנַן, אִית כָּן לְמִבְכֵּי וּלְמִסְפַּד בְּנֹהִי וּמְרִירוּ, דְּאֲנַן זִמְאָן בְּכָל יוֹמָא הֵיכָלָא חָרִיב, וְתַעֲלִין דְּמַדְבְּרָא עָאלִין וְנָפְקִין, וְשָׁרְקִין יַעֲנִים בְּגַוֵּיהּ, וַאֲנַן זִמְאָן וּבְכָאן:

אֲבָל אָנוּ יֵשׁ לָנוּ לִבְכּוֹת וְלִסְפֹּד בְּנֹהִי וּבִמְרִירוּת, שֶׁאָנוּ רוֹאִים בְּכָל יוֹם הַהֵיכָל חָרֵב, וְשׁוּעֲלֵי הַמִּדְבָּר נִכְנָסִים וְיוֹצְאִים, וְשׁוֹרְקִים הַיְעֵנִים בְּתוֹכוֹ, וְאָנוּ רוֹאִים וּבוֹכִים.

וּבְעוֹד דְּאֲנַן יָתְבִין נְבוֹכִין, וְשָׁכִיבִין פּוּמְנָא בְּעַפְרָא, אֲנַן שָׁמְעִין קָל נְעִימוּ דְרַגְלָהָא, בִּתְלַת מִשְׁמְרוֹתָא דְלֵילְיָא, נַחֲתַת וְזַמַּאת לְהֵיכָלָאהּ, אֵיךְ חֲרַבִין מִתּוֹקְדָן, אָעֲלַת מֵהֵיכָלָא לְהֵיכָלָא, מִדּוּךְ לְדוּךְ, וְנָעַת וּמְיַילְלֵת, וּבְכַת עֲלָנָא וְעַל נַפְשָׁנָא:

וּבְעוֹד שֶׁאָנוּ יוֹשְׁבִים נְבוֹכִים וְשׁוֹכְבִים פִּינוּ בֶּעָפָר, אָנוּ שׁוֹמְעִים קוֹל נְעִימוּת רַגְלֶיהָ בִּשְׁלֹשׁ מִשְׁמָרוֹת שֶׁל הַלַּיְלָה, יוֹרֶדֶת וְרוֹאָה

אֶת הַהֵיכָלָה, אֵיךְ יוֹשְׁבִים נִשְׂרָפִים. נִכְנֶסֶת
מֵהֵיכָל לְהֵיכָל, מִמָּקוֹם לְמָקוֹם, וְגוֹעָה
וּמְיַלֶּלֶת, וּבוֹכָה עָלֵינוּ וְעַל נַפְשֵׁנוּ.

וַאֲנַן מִתְעָרִין לְקָל נְעִימוּ דְבִכְיָּיתָה וִילְלוּתָה.
וְרוּזְנָא אָזְלַת אֲבַתְרָה, וּפָרֵז לְגַבָּה. וּלְפוּם שַׁעֲתָא
פָּרְזַת וְאָזְלַת, וְלָא שְׁמַעְנָא, וְלָא יְדַעְנָא מִידֵי, דְּהָא
אָזְלַת, וְאִשְׁתָּאַרְנָא נְבוֹכִין, דְּמִיכִין, בְּלָא רוּגְזָא,
בְּלָא דַעְתָּא. צָעֲקִין, וְאָמְרִין אֵיכָה:

וְאָנוּ מִתְעוֹרְרִים לְקוֹל נְעִימוּת בְּכִיָתָהּ
וִילְלוּתֵיהּ, וְרוּזְנוּ הוֹלֶכֶת אַחֲרֶיהָ, וּפוֹרֶזֶת
אֵלֶיהָ. וּלְפִי שָׁעָה פּוֹרֶזֶת וְהוֹלֶכֶת, וְלֹא
שָׁמַעְנוּ, וְלֹא יָדַעְנוּ דָּבָר, שֶׁהִנֵּה הוֹלֶכֶת
וְנִשְׁאַרְנוּ נְבוֹכִים, יְשֵׁנִים, בְּלִי רוֹגֶז, בְּלִי דַעַת.
צוֹעֲקִים, וְאוֹמְרִים אֵיכָה.

תָּנֵינָן, בְּכָל לֵילְיָא וְלֵילְיָא, קָל מְרִירוּת דְּכַאֲיבָא
דְצִיּוֹ"ן אִשְׁתְּמַע מֵרוּם רְקִיעָא לְתַתָּא, וּמִתַּתָּא
לִרְקִיעָא. כְּדָבָר אַחֵר – ה'[30] מִמָּרוֹם יִשְׁאָג וּמִמְּעוֹן
קָדְשׁוֹ יִתֵּן קוֹלוֹ שָׁאֹג יִשְׁאַג עַל נָוֵהוּ:

שָׁנִינוּ, בְּכָל לַיְלָה וָלַיְלָה קוֹל מְרִירוּת שֶׁל
כְּאֵב שֶׁל צִיּוֹ"ן נִשְׁמַע מֵרוּם הָרָקִיעַ לְמַטָּה,
וּמִמַּטָּה לָרְקִיעַ, כְּמוֹ שֶׁנֶּאֱמַר – ה' מִמָּרוֹם
יִשְׁאָג וּמִמְּעוֹן קָדְשׁוֹ יִתֵּן קוֹלוֹ שָׁאֹג יִשְׁאַג עַל

נֻוהֹוּ.

בְּשֵׁירוּתָא דְלֵילְיָא, הִיא אִתְכַּוָּנַת בִּבְכִיָּה, וְשָׁאֲגַת מֵרוֹם רְקִיעָא לְעֵילָּא. נָחֲתַת לְתַתָּא, לְאַתַר מִדְבְּחֵ הַזֹויצוֹן, וְזָמַת דּוּכְתָּה זְרֵיב, מְסָאֲב בְּמִסְאָבוּ, וְכָל אֲתַר לָא אִשְׁתְּכַח בֵּיה. גָּעַת וּמְיַלְּלַת, צֹווַחַת בְּקָל מְרִירוּ, וַאֲמֶרַת, מִדְבְּחֵי מִדְבְּחֵי, פַּרְנָסָתִי דְּמַרְוֵית לִי בְּכַמָּה נִיסוּכִין, בְּכַמָּה עַלָּוָון דְּכַיָּין קַדִּישִׁין:

בְּרֵאשִׁית הַלַּיְלָה הִיא מְכַוֶּנֶת בִּבְכִיָּה, וְשׁוֹאֶגֶת מֵרוֹם הָרָקִיעַ לְמַעְלָה. יוֹרֶדֶת לְמַטָּה, לִמְקוֹם הַמִּזְבֵּחַ הַזֹּויצוֹן, וְרוֹאָה מְקוֹמָהּ זְרֵיב, טָמֵא בְּטֻמְאָה, וְכָל מָקוֹם לֹא נִמְצָא בוֹ. גּוֹעָה וּמְיַלֶּלֶת, צֹווַחַת בְּקוֹל שֶׁל מְרִירוּת, וְאוֹמֶרֶת: מִזְבְּחִי, מִזְבְּחִי, פַּרְנָסָתִי שֶׁרִוִיתָ אוֹתִי בְּכַמָּה נִסוּכִים, בְּכַמָּה עוֹלוֹת טְהוֹרִים קְדוֹשִׁים.

כָּל גַּבְרִין קַדִּישִׁין, רַבְרְבָן מִמֶּנָּ, הֲוֹו מִרְוָון וְזַדְאָן מִינָךְ, אָכְלִין עִידוּנִין, וּפַלְגִין זֹוּלְקֵיהוֹן, בְּרוּמֵי רְקִיעָא. יַהֲבוּ בָךְ נִיבְלַת דַּחֲסִידִים קְדוֹשִׁים. בְּנֵי דְּאִתְדַּבְּזוּ עֲלָךְ, וָוי לִי מִדְּמֵיהוֹן. וְכָל גַּבְרִין רַבְרְבִין מִמֶּנָּ, נָפְלוּ מִדּוּכְתֵּיהוֹן לְקָל צֹווַחֵיהוֹן:

כָּל הָאֲנָשִׁים הַקְּדוֹשִׁים, הַגְּדוֹלִים הַמְמֻנִּים, הָיוּ רָוִים וּשְׂבֵעִים מִמֵּךְ. אוֹכְלִים עִדוּנִים, וּמְחַלְּקִים זֹולְקֵיהֶם בְּרוּמֵי הָרָקִיעַ. נָתְנוּ בָךְ

נְבֵלַת חֲסִידִים קְדוֹשִׁים. בָּנַי שֶׁנִּזְבְּזוּ עָלֶיךָ,
אוֹי לִי בִּדְמֵיהֶם. וְכָל הָאִישִׁים הַגְּדוֹלִים
הַמְמֻנִּים נָפְלוּ מִמְּקוֹמָם לְקוֹל צַוְחוֹתֵיהֶם.

יָתְבִין לְבַר צַוְוזִין וּבְכָאן, אִינוּן אֶרְאֶלִּים קַדִּישִׁין,
דְּאָת שְׁמֵיהּ קַדִּישָׁא הֲוָה מִתְעַטַּר עֲלַיְיהוּ, וּבֵיהּ
אִינוּן זְדָאן וְקָיְימִין. לְקָל בְּכִיּוֹתְהוֹן אָת דָּא פְּרִיזָא
מִנַּיְיהוּ, וְסָלְקָא לִרוּמֵי מְרוֹמִים, וְאִשְׁתָּאֲרוּ כְּנוּקְבָא
דְּבָכָאת וּמְיַלְּלֵת. הֲדָא הוּא דִכְתִיב – הֵן אֶרְאֶלָּם[31]
צָעֲקוּ חֻצָה. אֶרְאֶלָּם בְּלֹא יוּ"ד, צָעֲקוּ חוּצָה.

יוֹשְׁבִים בְּחוּץ צַוְוזִים וּבוֹכִים אוֹתָם אֶרְאֶלִים
קְדוֹשִׁים, שֶׁאוֹת שְׁמוֹ הַקָּדוֹשׁ הָיָה מִתְעַטֵּר
עֲלֵיהֶם, וּבוֹ הֵם שְׁמֵזִים וְעוֹמְדִים. לְקוֹל
בְּכִיּוֹתֵיהֶם הָאוֹת הַזֹּו פָּרְחָה מֵהֶם, וְעָלְתָה
לִרוּמֵי מְרוֹמִים. וְנִשְׁאֲרוּ כִּנְקֵבָה שֶׁבּוֹכָה
וּמְיַלֶּלֶת. זֶהוּ שֶׁכָּתוּב – הֵן אֶרְאֶלָּם צָעֲקוּ
חֻצָה. אֶרְאֶלָּם בְּלֹא יוּ"ד, צָעֲקוּ חוּצָה.

מֵהֲבָזֵי מְדַרְבְּזֵי, לְבָתַר דְּמַרְוֵיֵת לִי בְּנִיבְלוּת בְּנִין
חֲסִידִין קַדִּישִׁין, דְּמָסְרוּ נַפְשַׁיְיהוּ וְגַשְׁמַיְיהוּ עֲלָךְ,
אִתְגְּנִיַת. אָן אֶשְׁכַּח לָךְ, אָן אֶשְׁתָּא דַעֲלָךְ. גָּעַת
וּמְיַלְּלֵת וּבָכַת בְּקָל עָצִיב:

מֵהֲבָזֵי מִזַּבְזֵי, אַחַר שֶׁהִרְוֵית אוֹתִי בְּנִבְלוֹת
בָּנִים חֲסִידִים קְדוֹשִׁים, שֶׁמָּסְרוּ נַפְשָׁם

---

[31] ישעיהו לג ז

וְנִשְׁמָתָם עָלֶיךָ, נִגְנְזֹת. אֵיפֹה אֲמָצָא אוֹתָךְ?
אֵיפֹה הָאֵשׁ שֶׁעָלֶיךָ? גּוֹעָה וּמְיַלֶּלֶת וּבוֹכָה
בְּקוֹל עָצוּב.

שִׁתָּא אַלְפֵי גַּבְרֵי קַדִּישִׁין, בְּכָל סִטְרָא דְּאַרְבַּע
סִטְרֵי עָלְמָא, אִינוּן דַּהֲווֹ אָכְלֵי קָרְבְּנָא בְּכָל יוֹמָא,
נַזְחֵי בַּהֲדָה, וּמְיַילְּלִין וּבְכַיָין עַל מִדְבְּחַ דַּעֲלֻוֹן.
וְיַתִּיר הֲווֹ, אֶלָּא אִתְבְּמַעֲטוּ:

שֵׁשֶׁת אַלְפֵי גִּבְרִים קְדוֹשִׁים, בְּכָל צַד שֶׁל
אַרְבַּעַת צִדְדֵי הָעוֹלָם, הֵם שֶׁהָיוּ אוֹכְלִים
קָרְבָּן בְּכָל יוֹם, יָרְדוּ עִמָּהּ, וּמְיַלְּלִים וּבוֹכִים
עַל מִזְבֵּחַ הָעוֹלוֹת. וְיוֹתֵר הָיוּ, אֶלָּא
שֶׁהִתְמַעֲטוּ.

וַאֲפִילוּ אִינוּן דְּקַיְימִין לְבַר, בְּרוּזָא אַזְזָרָא, דִּמְרַוֹן
מָאִינוּן אִימְרִין וּפַדָּרִין. בְּשִׁירוּתָא דְּלֵילְיָא צַוְוחִין
נָעָאן וּמְיַילְּלִין עַל הַאי מִדְבְּחָ. ווי לִזְמָרָא דְּאַבֵּיד
אֲבוּסָה, אֲתָר דְּמִתְרַוַּה מִנֵּיה. מַאן זְמֵי נְהֵימוּ
דְּגָבְרִין קַדִּישִׁין בְּמַטְרוֹנִיתָא, מִתַּתָּא לְעֵילָא,
וּמֵעֵילָא לְתַתָּא:

וַאֲפִלּוּ אוֹתָם שֶׁעוֹמְדִים בַּחוּץ, בְּרוּז אֲזֶרֶת,
שָׁרוּיִים מֵאוֹתָם הָאֵיבָרִים וְהַפְּדָרִים,
בְּרֵאשִׁית הַלַּיְלָה צֹוְוֹזִים, גֹּוֹעִים וּמְיַלְּלִים עַל
הַמִּזְבֵּחַ הַזֶּה. אוֹי לַזְּמוֹר שֶׁאָבַד אֲבוּסוֹ,
הַמָּקוֹם שֶׁמּוֹתָרַוֶּה מִמֶּנּוּ. מִי רָאָה נֶהָמַת

הַגְּבָרִים הַקְּדוֹשִׁים בַּגְּבִירָה, מִמַּטָה
לְמַעְלָה, וּמִמַּעְלָה לְמַטָּה.

בְּפַלְגּוּ לֵילְיָא, עָאל לְגוֹ הַהִיא נְקוּדָה דְצִיּוֹן, אֲתַר
דְבֵית קֹדֶשׁ הַקֳּדָשִׁים, זַמַת לֵיהּ דְאִתְחֲרִיב,
וְאִסְתָּאַב אֲתַר בֵּית מוֹתָבָהּ וְעַרְסָהּ, גָּעַת וּמְיַיְלְלַת,
סָלְקָא מִתַּתָּא לְעֵילָא, וּמֵעֵילָא לְתַתָּא, אִסְתַּכַּל
בַּאֲתַר דִכְרוּבִים, צָוְוזָא בְּקוֹל מְרִירוּ, וַאֲרִימַת
קָלָא וְאָמְרָה, עַרְסִי עַרְסִי, אֲתַר בֵּית מוֹתָבִי. עַל
הַאי דּוּכְתָּא כְּתִיב – עַל[32] מִשְׁכָּבִי בַּלֵּילוֹת. מִשְׁכָּבִי,
עַרְסָא דְמַטְרוֹנִיתָא. גָּעַת בִּבְכִיָּה וְאָמְרָה, עַרְסִי
אֲתַר מִקְדָּשִׁי, אֲתַר דְּמַרְגְּלָאִין טָבָאן, בֵּי פָּרוֹכְתָּא
וְכַפּוּרְתָּא, דַּהֲווֹ סָמְכִין עֲלוֹהִי שִׁתִּין אַלְפִין רִבְוָון
אַבְנֵי יְקָר, סִדְרִין סִדְרִין, שׁוּרִין שׁוּרִין, מִסְתַּכְּלָאן
דָּא לְדָא. סִדְרִין דִּרְמוֹנִין מִתְצַעָן עֲלָךְ לְאַרְבַּע
סִטְרִין. עָלְמָא קָיְימָא בְּגִינָךְ:

---

[32] שיר השירים ג א

מִשְׁכָּבִי, מִטַּת הַגְּבִירָה. גּוֹעָה בִּבְכִיָּה
וְאוֹמֶרֶת: מִטָּתִי, מְקוֹם מִקְדָּשִׁי, הַמָּקוֹם שֶׁל
הַמַּרְגָּלִיּוֹת הַטּוֹבוֹת, בֵּית הַפָּרֹכֶת וְהַכַּפֹּרֶת,
שֶׁהָיוּ סוֹמְכִים עָלָיו שִׁשִּׁים אֶלֶף רִבְבוֹת שֶׁל
אַבְנֵי יָקָר, סְדָרִים סְדָרִים, שׁוּרוֹת שׁוּרוֹת,
מִסְתַּכְּלִים זֶה עַל זֶה. סִדְרֵי רִמּוֹנִים מַצָּעִים
עָלָיִךְ לְאַרְבָּעָה צְדָדִים. הָעוֹלָם עָמַד
בִּשְׁבִילֵךְ.

רִבּוֹן עָלְמָא, בַּעֲלִי, הֲוָה אָתֵי לְגַבִּי, וְהוּא שָׁכֵב בֵּין
דְּרוֹעַי, וְכָל מַה דְּבָעֵינָא מִנֵּיהּ, וְכָל בָּעוּתִי עָבִיד
בְּעִידָנָא דָא. כַּד הֲוָה אָתֵי לְגַבִּי, וְשַׁוֵּי בֵּי מְדוֹרֵיהּ,
וּמִשְׁתַּעֲשֵׁעַ בֵּין שָׁדַי:[33]
רִבּוֹן הָעוֹלָם, בַּעְלִי הָיָה בָּא אֵלַי, וְהוּא
שׁוֹכֵב בֵּין זְרוֹעַי, וְכָל מַה שֶּׁרָצִיתִי מִמֶּנּוּ, וְכָל
רְצוֹנִי עוֹשֶׂה בַּזְּמַן הַזֶּה, כְּשֶׁהָיָה בָּא אֵלַי וְעָזַב
בִּי מְדוֹרוֹ וּמִשְׁתַּעֲשֵׁעַ בֵּין שָׁדַי.

עַרְסִי עַרְסִי, לֵית אַתְּ דְּכִיר כַּד הֲוֵינָא אָתָא לְגַבָּךְ
בְּחֶדְוָה וּבִשְׁפִירוּ דְּלִבָּא, וְאִינּוּן רַבְיָין עוֹלְמִין, הֲוֵי
נָפְקֵי לְקָדָמוּתִי, בַּטְשֵׁי בְּגַדְפַיְיהוּ בְּחֶדְוָה, לְקַבְּלָא
לִי:
מִטָּתִי מִטָּתִי, אֵינֵךְ זוֹכֶרֶת כְּשֶׁהָיִיתִי בָּאָה
אֵלַיִךְ בְּשִׂמְחָה וּבְטוּב לֵב, וְאוֹתָם הַתִּינוֹקוֹת

הָעֲלָמִים הָיוּ יוֹצְאִים כְּנֶגְדִּי, מֻכִּים בְּכַנְפֵיהֶם
בְּשִׁמְזֶה לְקַבְּלֵנִי.

עַפְרָא דְרַגְלָךְ, הֲוָה קָם מְדוּכְתֵּיהּ, וְחָזֵי אֵיךְ
אִתְנְשִׁיָּא אֲרוֹנָא דְאוֹרַיְתָא דַּהֲוַת הָכָא, מֵהָכָא
נַפְקָא מְזוֹנָא לְכָל עָלְמָא, וּנְהוֹרָא, וּבִרְכָאן לְכֹלָּא:
הֶעָפָר שֶׁבְּךָ הָיָה קָם מִמְּקוֹמוֹ, וְרוֹאֶה אֵיךְ
נִשְׁכַּח אֲרוֹן הַתּוֹרָה שֶׁהָיָה כָאן. מִכָּאן יָצָא
מָזוֹן לְכָל הָעוֹלָם, וְאוֹר, וּבְרָכוֹת לַכֹּל.

אֶשְׁגַּח עַל בַּעֲלִי, לֵית הָכָא. אֶשְׁגַּח לְכָל סְטַר.
בְּעִידָנָא דָא כַּד הֲוָה אָתֵי בַּעֲלִי לְגַבִּי, וְסַזְזַרְנֵיהּ
כַּמָּה בְּנִין וַחֲסִידִין, וְכָל אִינּוּן עוּלְמְתָאן זְמִינִין
לְקַבְּלָא לֵיהּ:
אֶשְׁגִּיחַ עַל בַּעֲלִי, אֵינוֹ כָאן. אֶשְׁגִּיחַ לְכָל צַד.
בַּזְּמַן הַזֶּה כְּשֶׁהָיָה בָּא אֶצְלִי בַּעֲלִי, וּסְבִיבוֹ
כַּמָּה בָּנִים וַחֲסִידִים, וְכָל אוֹתָם הָעֲלָמוֹת
מְזֻמָּנוֹת לְקַבְּלוֹ.

וַהֲוֵינָא שָׁמְעִין מֵרָזוֹק, קָל זוּגִין דְּפַעֲמוֹנִים
מְקַשְׁקְשִׁין בֵּין רַגְלוֹי, בְּגִין דְּאֶשְׁמַע קָלֵיהּ עַד דְּלָא
יֵעוּל לְגַבִּי. כָּל עוּלְמְתָאן דִּילִי, מְשַׁבְּחָן וְאוֹדָן קַמֵּי
קוּדְשָׁא בְּרִיךְ הוּא, לְבָתַר אָזְלִין כָּל חַד עַל בֵּי
מוֹתְבֵיהּ, מִזְדַּבְּקָן בִּנְשִׁיקָתְהוֹן בִּרְחִימוּ:
וְהָיִינוּ שׁוֹמְעִים מֵרָזוֹק קוֹל זוּגֵי הַפַּעֲמוֹנִים

מְקַשְׁקְשִׁים בֵּין רַגְלָיו, כְּדֵי שֶׁאֶשְׁמַע קוֹלוֹ
טֶרֶם הִכָּנְסוּ אֵלַי. כָּל עַלְמוֹתַי מְשֻׁבָּזוֹת
וּמוֹדוֹת לִפְנֵי הַקָּדוֹשׁ בָּרוּךְ הוּא, אָזַר כָּךְ
הוֹלְכוֹת כָּל אַזַת לְבֵית מוֹשָׁבָהּ, וְהָיִינוּ
יְזוּדוֹת מְזֻבָּקוֹת בִּנְשִׁיקוֹתֵינוּ בְּאַהֲבָה.

בַּעֲלִי בַּעֲלִי, אָן פָּנִית, הַשְׁתָּא הוּא עִדָּנָא דַּהֲוֵינָא
אֶשְׁגַּח בָּךְ. אִסְתַּכְּלָנָא בְּכָל סְטַר, וְלֵית אַנְתְּ. אָן
אֶשְׁגַּח לָךְ, וְלָא אֶתְבַּע בְּגִינָךְ:
בַּעֲלִי בַּעֲלִי, אֵיפֹה פָּנִיתָ? כָּעֵת הוּא הַזְּמַן
שֶׁהָיִיתִי מַשְׁגִּיחָה בָּךְ. הִסְתַּכַּלְתִּי בְּכָל צַד –
וְאֵינְךָ. אֵיפֹה אַשְׁגִּיחַ לָךְ, וְלֹא אֲבַקֵּשׁ
בִּשְׁבִילְךָ?

דָּא הוּא אַתְרָךְ בְּעִידָנָא דָא, לְמֵיתֵי לְגַבִּי, הָא אֲנָא
זְמִינָא הָכָא. הָא אִתְנְשֵׁית מִנָּאי, לֵית אַנְתְּ דְּכִיר יוֹמֵי
דִּרְזוֹזִימוּ, כַּד הֲוֵינָא שָׁכְבַת בְּתוּקְפָּךְ, וּמְזַוְּקָא
בְּדִיוּקְנָךְ, וּדְיוּקְנִי הֲוַות מְזַוְּקָא בָּךְ, כַּהֲאי זוּוָתם
דְּשָׁבִיק דִּיוּקְנֵיהּ בְּגֶלִיפוּ דִּכְתָבָא, הָכִי שָׁבַקְנָא
דְּיוּקְנִי בָּךְ, בְּגִין דְּתִשְׁתַּעֲשַׁע בְּדִיוּקְנִי, בְּעוֹד דַּאֲנָא
בְּגוֹ וְזֵילִי:
וְזֶהוּ מְקוֹמְךָ בַּזְּמַן הַזֶּה לָבֹא אֵלַי, הֲרֵינִי מְזֻמֶּנֶת
כָּאן. וַהֲרֵי נִשְׁכַּחַתְּ מִמֶּנִּי. אֵינְךָ זוֹכֵר יְמֵי
הָאַהֲבָה, כְּשֶׁהָיִיתִי שׁוֹכֶבֶת בְּחָזְקֶךְ, וַזְקוּקָה
בְּדִיוּקְנָךְ, וּדְיוּקְנִי הָיָה זָקוּק בָּךְ. כְּזוּוָתם

הֲוָה שֶׁמַּשְׁאִיר דְּיוֹקְנוֹ בַּזְּזִקְיקַת הַכְּתָב, כַּךְ
הִשְׁאַרְתִּי דְּיוֹקְנִי בָּךְ, כְּדֵי שֶׁתִּשְׁתַּעְשַׁע
בִּדְיוֹקְנִי, בְּעוֹדִי בְּתוֹךְ צְבָאוֹתַי.

גָּעַת בִּבְכִיָּה, וְצָוְחַת, בַּעֲלִי בַּעֲלִי, נְהִירוּ דְּעַיְינֵי הָא
אִיתְחֲשָׁךְ. לֵית אַנְתְּ דְּכִיר, כַּד הֲוֵית אוֹשִׁיט
שְׂמָאלָךְ מִתְּחֲזוֹת רֵישִׁי, וַאֲנָא מִתְעַנְּגָא עַל סַגִּיאוּ
דְּשְׁלָם, וִימִינָךְ מִזְדַּבְּקָא בְּאַחֲזָוָה וּבִנְשִׁיקִין. וְנָדַרְתְּ
לִי דְּלָא תִשְׁבּוֹק רְחִימוּתָא דִּילִי לְעָלְמִין. וְאוֹמֵית לִי
אִם – ³⁴ אֶשְׁכָּחֵךְ יְרוּשָׁלַיִם תִּשְׁכַּח יְמִינִי, הָא
אִתְנְשֵׁינָא מִנָּךְ:

גּוֹעָה בִּבְכִיָּה וְאוֹמֶרֶת: בַּעֲלִי בַּעֲלִי, הָאוֹר
שֶׁל הָעֵינַיִם הֲרֵי נֶחְשַׁךְ. אֵינְךָ זוֹכֵר, כְּשֶׁהָיִיתָ
מוֹשִׁיט שְׂמֹאלְךָ מִתַּחַת לְרֹאשִׁי, וַאֲנִי
מִתְעַנֶּגֶת עַל רֹב שָׁלוֹם, וִימִינְךָ מִזְדַּבֶּקֶת
בְּאַחֲזָוָה וּבִנְשִׁיקוֹת. וְנָדַרְתָּ לִי שֶׁלֹּא תַעֲזֹב
אַהֲבָתִי לְעוֹלָמִים. וְנִשְׁבַּעְתָּ לִי – אִם אֶשְׁכָּחֵךְ
יְרוּשָׁלַיִם תִּשְׁכַּח יְמִינִי, הִנֵּה נִשְׁכַּחְתִּי מִמְּךָ.

לֵית אַנְתְּ דְּכִיר, כַּד קָאֵימְנָא לְגַבָּךְ בְּטוּרָא דְּסִינַי,
שְׁלֵימִין שִׁתִּין רִבּוֹ דְּקַבִּילוּ לָךְ עֲלַיְיהוּ, וְאִתְעַטְּרָנָא
לָךְ בְּהוּ, יַתִּיר מִכָּל עַמְמַיָּא, וַהֲוֵינָא אָזְלִין אֲבַתְרָךְ
לְכָל רְעוּתָךְ. וְהַהִיא שַׁפְזֶה קָטְלָא בְּהוּ לְאַלְפִים
וְרִבְּוָון, וְלָא אַשְׁגַּחְנָא. וְאִתְאֲבִידוּ כֻּלְּהוּ בְּמַדְבְּרָא,

---

³⁴ תהלים קלז ה

וְשַׁבְקִית לוֹן תַּמָּן, וְאַעִילְנָא בְּנֵיהוֹן זְעִירִין לְקָיְימָא קַמָּךְ בְּאַרְעָא דָא. וּבְדִילְנָא לוֹן לְקָיְימָא קַמָּךְ, בְּגִין רְעוּתָךְ:

אֵינָךְ זוֹכֵר, כְּשֶׁעָמַדְתִּי אֶצְלְךָ בְּהַר סִינַי, וְשִׁשִׁים רִבּוֹא שְׁלֵמִים שֶׁקִּבַּלְתָּ עֲלֵיהֶם, וְהִתְעַטַּרְתִּי לְךָ בָּהֶם יוֹתֵר מִכָּל הָעַמִּים, וְהָיִינוּ הוֹלְכִים אַחֲרֶיךָ לְכָל רְצוֹנָךְ. וְאוֹתָהּ שִׁפְזָה הָרְגָה בָּהֶם לַאֲלָפִים וּרְבָבוֹת, וְלֹא הִשְׁגַּזְזְתִּי. וְכֻלָּם נֶאֶבְדוּ בַּמִּדְבָּר, וְהִשְׁאַרְתָּ אוֹתָם שָׁם, וְהִכְנַסְנוּ בְּנֵיהֶם הַקְּטַנִּים לַעֲמֹד לְפָנֶיךָ בָּאָרֶץ הַזּוֹ. וְהִבְדַּלְנוּ אוֹתָם לַעֲמֹד לְפָנֶיךָ בִּשְׁבִיל רְצוֹנָךְ.

בַּעֲלִי הֲוֵי דְכִיר, בְּכַמָּה בְּנִין קַדִּישִׁין קָאִימְנָא קַמָּךְ בְּכָל דָּרָא וְדָרָא, בְּיוֹמֵי דְּדָוִד וּשְׁלֹמֹה בְּרֵיהּ. לֵית אַנְתְּ דְּכִיר כַּמָּה טָבָאן דַּעֲבָדוּ קַמָּךְ. יָאוֹת לָךְ לְמִידְכַּר זְכוּבִין, וְלָא תִדְכַּר זַכְוָון. אָן אִתְהַפִּיכוּ עֲלָךְ:

בַּעֲלִי, הֱיֵה זוֹכֵר, בְּכַמָּה בָּנִים קְדוֹשִׁים עָמַדְתִּי לְפָנֶיךָ בְּכָל דּוֹר וָדוֹר, בִּימֵי דָוִד וּשְׁלֹמֹה בְּנוֹ. אֵינָךְ זוֹכֵר כַּמָּה טוֹבוֹת שֶׁעָשׂוּ לְפָנֶיךָ?! הַאִם נָאֶה לְךָ לִזְכֹּר חֲטָאִים, וְלֹא תִזְכֹּר זְכֻיּוֹת?! אֵיךְ הִתְהַפְּכוּ עָלֶיךָ?

בָּעֵינָא עֲלָךְ, לֵית אַנְתְּ. בָּעֵינָא עַל בְּנַאי, לֵית אִינּוּן.

בָּעֵינָא עַל קְדוּשָׁתָא דַּאֲתַר דָּא, הָא אִסְתָּאַב. כָּל
עָלְמָא הֲוָה בִּשְׁלָם בְּגִין אֲתַר דָּא. כַּלְבִּין לָא נְבִזְוִין
בְּעִידָנָא דָּא, כּוּלְּהוּ הֲווֹ בִּשְׁלָם. גָּעָה וּמְיַילְלַת, וְכָל
אִינוּן אוּכְלוּסִין לְעֵילָא. וּכְלָבִים צָוְוזִין לְתַתָּא,
בְּשֵׁירוּתָא דְּמִשְׁמוֹרָה תְּלִיתָאָה:

אֲנִי מְבַקֶּשֶׁת אוֹתְךָ, וְאֵינְךָ. מְבַקֶּשֶׁת עַל בָּנַי,
וְאֵינָם. מְבַקֶּשֶׁת עַל קְדֻשַּׁת הַמָּקוֹם הַזֶּה,
וַהֲרֵי נִטְמָא. כָּל הָעוֹלָם הָיָה בְּשָׁלוֹם מִשּׁוּם
הַמָּקוֹם הַזֶּה. הַכְּלָבִים אֵין נוֹבְזִים בַּזְּמַן הַזֶּה,
כֻּלָּם הָיוּ בְּשָׁלוֹם. גּוֹעָה וּמְיַלֶּלֶת, וְכָל אוֹתָם
הָאוּכְלוּסִים לְמַעְלָה. וְהַכְּלָבִים צָוְוזִים
לְמַטָּה, בְּרֵאשִׁית הַמִּשְׁמוֹרָה הַשְּׁלִישִׁית.

נָפְקַת וַאֲתַת, קָיְימָא עַל אֲתַר דְּמַדְבְּזָא קְטוֹרֶת
בּוּסְמִין, גָּעַת וּמְיַילְלַת, וְסָלְקַת לְעֵלָּא, וְאַשְׁכְּזָא
זַד כָּרוּב מֵאִינוּן תְּרֵין כְּרוּבִין דַּהֲווֹ בַּהֲדָה, וּמֵהַהוּא
זִמְנָא לָא הֲוָה לַהּ אֶלָּא זַד. וְהַהוּא רַבְיָיא עוּלֵימָא
דְּאִשְׁתָּאַר, יָנְקָא מִינַהּ בְּכַיָּיה וִילְלוּתָא:

הִיא יוֹצֵאת וּבָאָה, וְעוֹמֶדֶת עַל מְקוֹם מִזְבֵּוז
קְטֹרֶת הַסַּמִּים, גּוֹעָה וּמְיַלֶּלֶת, וְעוֹלָה
לְמַעְלָה, וּמוֹצֵאת כָּרוּב אֶזָד מֵאוֹתָם שְׁנֵי
הַכְּרוּבִים שֶׁהָיוּ עִמָּהּ, וּמֵאוֹתוֹ הַזְּמַן לֹא הָיָה
לָהּ אֶלָּא אֶזָד. וְאוֹתוֹ הַתִּינוֹק הָעֶלֶם
שֶׁנִּשְׁאַר, יוֹנֵק מִמֶּנָּה בְּכִיָּה וִילָלָה.

כְּדֵין קוּדְשָׁא בְּרִיךְ הוּא אִזְדַּמַּן לְגַבָּהּ, וְנָחֵית לָהּ,
וּמְמַלֵּל עִמָּהּ. וְעַל דָּא כְּתִיב – כֹּה[35] אָמַר ה' מִנְעִי
קוֹלֵךְ מִבֶּכִי וְעֵינַיִךְ מִדִּמְעָה כִּי יֵשׁ תִּקְוָה לְאַחֲרִיתֵךְ.
וְעַל דָּא תְּנִינָן – תִּינוֹק[36] יוֹנֵק מִשְּׁדֵי אִמּוֹ, וְאִשָּׁה
מְסַפֶּרֶת עִם בַּעֲלָהּ. עַד הָכָא פְּתִיחֲתָא, מִכָּאן
וּלְהָלְאָה שֵׁירוּתָא דִמְגִילַת אֵיכָה:

וְאָז הַקָּדוֹשׁ בָּרוּךְ הוּא הִזְדַּמֵּן אֵלֶיהָ, וְיוֹרֵד
אֵלֶיהָ, וּמְדַבֵּר עִמָּהּ. וְעַל זֶה כָּתוּב – כֹּה
אָמַר ה' מִנְעִי קוֹלֵךְ מִבֶּכִי וְעֵינַיִךְ מִדִּמְעָה, כִּי
יֵשׁ תִּקְוָה לְאַחֲרִיתֵךְ. וְעַל זֶה שָׁנִינוּ, תִּינוֹק
יוֹנֵק מִשְּׁדֵי אִמּוֹ, וְאִשָּׁה מְסַפֶּרֶת עִם בַּעֲלָהּ.

אֵיכָה[37] יָשְׁבָה בָדָד, רַבָּנָן פָּתְחֵי הַאי קְרָא – וּזְכוֹר[38]
אֶת בּוֹרְאֶךָ בִּימֵי בְּחוּרוֹתֶיךָ עַד אֲשֶׁר לֹא יָבוֹאוּ יְמֵי
הָרָעָה. הַאי קְרָא, אוֹקִימְנָא לֵיהּ בְּיִשְׂרָאֵל כַּד הֲווֹ
בְּאַרְעָא קַדִּישָׁא. וּזְכוֹר אֶת בּוֹרְאֶיךָ, הֱוֵי דְכִיר כָּל
אִינוּן טָבָאן, וְכָל אִינוּן אָתִין וְנִסִּין, דַּעֲבַד לָךְ
קוּדְשָׁא בְּרִיךְ הוּא בְּיוֹמִין קַדְמָאִין, כַּד הֲוֵית רַבְיָא
בִּמְהֵימְנוּתָא, כְּדִכְתִיב אָחֵר – כִּי[39] נַעַר יִשְׂרָאֵל
וָאֹהֲבֵהוּ:

אֵיכָה יָשְׁבָה בָדָד, רַבּוֹתֵינוּ פּוֹתְחִים בַּפָּסוּק

---

[35] ירמיהו לא טו
[36] ברכות ג א
[37] איכה א א
[38] קהלת יב א
[39] הושע יא א

הַזֶּה – וּזְכֹר אֶת בּוֹרְאֶיךָ בִּימֵי בְּזַכּוּרֹתֶיךָ עַד
אֲשֶׁר לֹא יָבֹאוּ יְמֵי הָרָעָה. הַפָּסוּק הַזֶּה
בְּאַרְנוּהוּ בְּיִשְׂרָאֵל, כְּשֶׁהָיוּ בָּאֶרֶץ הַקְּדוֹשָׁה.
וּזְכֹר אֶת בּוֹרְאֶיךָ – תִּהְיֶה זוֹכֵר אֶת כָּל אוֹתָן
הַטּוֹבוֹת וְכָל אוֹתָם הָאוֹתוֹת וְהַנִּסִּים שֶׁעָשָׂה
לְךָ הַקָּדוֹשׁ בָּרוּךְ הוּא בַּיָּמִים הָרִאשׁוֹנִים,
כְּשֶׁהָיִיתָ נַעַר בֶּאֱמוּנָה, כְּמוֹ שֶׁנֶּאֱמַר – כִּי נַעַר
יִשְׂרָאֵל וָאֹהֲבֵהוּ.

בִּימֵי בְּזַכּוּרוֹתֶיךָ, בְּזִמְנָא דְּאִיהוּ אִתְרְעֵי בָּךְ מִכָּל
עַמִּין דְּעַלְמָא. עַד אֲשֶׁר לֹא יָבֹאוּ יְמֵי הָרָעָה, יוֹמִין
דְּזִקְנָה, דְּשָׁלְטִין בָּךְ שְׁאָר עַמִּין, וִיבַדְּרוּן לָךְ בְּכָל
עַמְמַיָּא:

בִּימֵי בְּזַכּוּרֹתֶיךָ, בִּזְמַן שֶׁהִתְרַצָּה בְּךָ מִכָּל
הָעַמִּים שֶׁל הָעוֹלָם. עַד אֲשֶׁר לֹא יָבֹאוּ יְמֵי
הָרָעָה, יָמִים שֶׁיִּשְׁלְטוּ בְּךָ שְׁאָר הָעַמִּים,
וִיפַזְּרוּ אוֹתְךָ בְּכָל הָעַמִּים.

בִּימֵי בְּזַכּוּרוֹתֶיךָ, יוֹמִין דְּשַׁתָּא, דְּאִינּוּן בְּרִירִין לָךְ,
וּנְטִירוּ דִּלְעֵילָא עֲלָךְ. וְאִינּוּן ד' יַרְחֵי דְּשַׁתָּא, אֲדָר
נִיסָן אִיָּיר סִיוָן. אִלֵּין אִינּוּן יוֹמִין דְּבַהֲזַר קוּדְשָׁא בְּרִיךְ
הוּא בְּיִשְׂרָאֵל, וַעֲבַד בְּהוֹן עִמְּהוֹן נִסִּין. וּכְנֶסֶת
יִשְׂרָאֵל מִתְעַטְּרָא בְּבַעֲלָהּ, וְאִתְקְרִיבַת בַּהֲדֵיהּ:

בִּימֵי בְּזַכּוּרֹתֶיךָ, יְמוֹת הַשָּׁנָה, שֶׁהֵם בְּרוּרִים
לָךְ, וְהַשְּׁמִירָה שֶׁלְּמַעְלָה עָלֶיךָ. וְהֵם אַרְבָּעָה

יַרְחֵי הַשָּׁנָה, אֲדָר נִיסָן אִיָּר סִיוָן, אֵלּוּ אוֹתָם
הַיָּמִים שֶׁבָּחֲזֹר הַקָּדוֹשׁ בָּרוּךְ הוּא בְּיִשְׂרָאֵל,
וְעָשָׂה בָּהֶם עִמָּהֶם נִסִּים. וּכְנֶסֶת יִשְׂרָאֵל
מֵעֲטֶרֶת בְּבַעֲלָהּ וּמִתְקָרֶבֶת אֵלָיו.

עַד [40] אֲשֶׁר לֹא יָבֹאוּ יְמֵי הָרָעָה, יְמֵי הַזִּקְנָה, יְמֵי
הָרָעָה מַמָּשׁ, וְאִינוּן: תַּמּוּז אָב טֵבֵת שְׁבָט. אַף עַל
גַּב דְּלָא אִיתְגַּלְיָיא כָּל כָּךְ, וְסִימָנָךְ – וְשֵׁבֶט [41] לְגֵו
חֲסַר לֵב:

עַד אֲשֶׁר לֹא יָבֹאוּ יְמֵי הָרָעָהֶף יְמֵי הַזִּקְנָה,
יְמֵי הָרָעָה מַמָּשׁ, וְהֵם: תַּמּוּז אָב טֵבֵת שְׁבָט.
אַף עַל גַּב שֶׁלֹּא הִתְגַּלָּה כָּל כָּךְ, וְסִימָנָךְ –
וְשֵׁבֶט לְגֵו חֲסַר לֵב.

וְהִגִּיעוּ שָׁנִים, שָׁנִים דְּגָלוּתָא, דְּאָזְלִין יִשְׂרָאֵל
מִטּוּלְטְלִין. אֵין לִי בָהֶם חֵפֶץ, דְּתָנִינָן, זְמִינִין בְּיוֹמָא
דְגָלוּתָא, דְּלָא יִשְׁתַּכַּח בִּידָא דְּבַר נָשׁ לְמֵיזְבַּן
בְּשׁוּקָא, וּכְדֵין תִּכְלֶה פְּרוּטָה מִן הַכִּיס:

וְהִגִּיעוּ שָׁנִים, שָׁנִים שֶׁל גָּלוּת, שֶׁיִּשְׂרָאֵל
הוֹלְכִים מְטֻלְטָלִים. וְאֵין בָּהֶם חֵפֶץ –
שֶׁשָּׁנִינוּ, עֲתִידִים בִּימֵי הַגָּלוּת שֶׁלֹּא יִמָּצֵא
בְּיַד הָאָדָם לִקְנוֹת בַּשּׁוּק, וְאָז תִּכְלֶה
הַפְּרוּטָה מִן הַכִּיס.

---

[40] קהלת יב א
[41] משלי י יג

עַד אֲשֶׁר לֹא תֶחְשַׁךְ הַשֶּׁמֶשׁ, דָּא קְלַסְתֵּר פָּנִים שֶׁל שְׁכִינָה, מִלְעֵילָא וּמִתַּתָּא. מִתַּתָּא מָאן אִינוּן. מָארֵי מַתְנִיתִין דַּהֲווֹ בְּאַרְעָא דְיִשְׂרָאֵל, פָּטִישֵׁי דְפַרְזְלָא, מְהַדְּקִין טִנָּרִין, וְתַלְשִׁין טוּרִין רְמָאִין:

עַד אֲשֶׁר לֹא תֶחְשַׁךְ הַשֶּׁמֶשׁ, זֶה קְלַסְתֵּר פָּנִים שֶׁל הַשְּׁכִינָה, מִלְמַעְלָה וּמִלְמַטָּה. מִמַּטָּה מִי הֵם? בַּעֲלֵי הַמִּשְׁנָה שֶׁהָיוּ בָּאֶרֶץ יִשְׂרָאֵל, פַּטִּישֵׁי בַרְזֶל, מְהַדְּקִים סְלָעִים, וְתוֹלְשִׁים הָרִים רָמִים.

וְהָאוֹר, זֶה הַתַּלְמוּד יְרוּשַׁלְמִי, דְּנָהִיר נְהוֹרָא דְאוֹרַיְיתָא, לְבָתַר דְּאִתְבַּטַּל דָּא, כִּבְיָכוֹל, אִשְׁתָּאֲרוּ בַּחֲשׁוֹכָא. דִּכְתִיב – בְּמַחֲשַׁכִּים[42] הוֹשִׁיבַנִי, זֶה תַּלְמוּד בַּבְלִי, דְּאַזְלִין בֵּיהּ בְּנֵי עָלְמָא בְּמַחֲשַׁכִּים:

וְהָאוֹר, זֶה הַתַּלְמוּד הַיְרוּשַׁלְמִי, שֶׁמֵּאִיר אוֹר הַתּוֹרָה, אַוֵּיר שֶׁהִתְבַּטֵּל זֶה, כִּבְיָכוֹל נִשְׁאֲרוּ בַּחֹשֶׁךְ, שֶׁכָּתוּב – בְּמַחֲשַׁכִּים הוֹשִׁיבַנִי, זֶה תַּלְמוּד בַּבְלִי, שֶׁהוֹלְכִים בּוֹ בְּנֵי הָעוֹלָם בְּמַחֲשַׁכִּים.

וְהַזֹּרֵחַ, אֵלֶּין אִינוּן הַבָּרַיְיתוֹת, דַּהֲווֹ נְהִירִין נְהִירוּ דְחָכְמָה סְתִימָאָה. וְהַכֹּכְבִים, אֵלֶּין אִינוּן מַשְׂכִּילִים

דַּהֲווֹ בְּאַרְעָא קַדִּישָׁא, כָּל אִינוּן תַּנָּאִים וַאֲמוֹרָאִים, דְּכָל עָלְמָא קָיְימָא בְּגִינַיְיהוּ. דְּכַד הֲווֹ קָיְימֵי כְּחֲדָא, הֲוָה אָמַר בַּר נָשׁ לְחַבְרֵיהּ, מִגּוֹ מִלָּה דָּא דְּפָרַז מִפּוּמוֹי, אֲנָא חֲזֵינָא מַה דְּיֶהֱא יוֹמָא דָּא, אוֹ לְמֶחֱזֵי, כַּךְ וְכַךְ:

וְהַכְּרוֹז, אֵלּוּ הֵן הַבְּרִיּוֹת, שֶׁהָיוּ מְאִירוֹת אוֹר הַחָכְמָה הַנִּסְתֶּרֶת. וְהַכּוֹכָבִים אֵלּוּ אוֹתָם הַמַּשְׂכִּילִים שֶׁהָיוּ בָּאָרֶץ הַקְּדוֹשָׁה, כָּל אוֹתָם הַתַּנָּאִים וְהָאֲמוֹרָאִים, שֶׁכָּל הָעוֹלָם עוֹמֵד בִּשְׁבִילָם. שֶׁכְּשֶׁהָיוּ עוֹמְדִים יַחַד, הָיָה אוֹמֵר אִישׁ לְחַבְרוֹ: מִתּוֹךְ דָּבָר זֶה שֶׁפָּרַז מִפִּיו, אֲנִי רוֹאֶה מַה שֶׁיִּהְיֶה הַיּוֹם הַזֶּה אוֹ לְמֶחֱזֵי כַּךְ וְכַךְ.

דָּבָר אַזַּר, עַד[43] אֲשֶׁר לֹא תֶחְשַׁךְ הַשֶּׁמֶשׁ, נְהִירוּ דְּקָלַסְתֵּר פְּנֵי שְׁכִינָה, דְּהֲוָה נָהִיר לָהּ בְּכָל יוֹמָא, וּמֵהַהוּא נְהִירוּ עָלְמָא אִתְקַיַּים, וְיִשְׂרָאֵל שָׁרָאן עַל אַרְעָא לְרוֹזְצְנוּ:

דָּבָר אַזַּר, עַד אֲשֶׁר לֹא תֶחְשַׁךְ הַשֶּׁמֶשׁ, הָאוֹר שֶׁל קָלַסְתֵּר פְּנֵי הַשְּׁכִינָה, שֶׁהָיָה מֵאִיר לָהּ בְּכָל יוֹם, וּמֵאוֹתוֹ הָאוֹר הָעוֹלָם הִתְקַיֵּים, וְיִשְׂרָאֵל שָׁדוּ בָּאָרֶץ לְבֶטַח.

וְהָאוֹר, אוֹר שֶׁבָּרָא הַקָּדוֹשׁ בָּרוּךְ הוּא בְּמַעֲשֵׂה

---

[43] קהלת יב ב

בְּרֵאשִׁית, דַּהֲוָה נָהִיר מִסַּיְיפֵי עָלְמָא לְסַיְיפֵי עָלְמָא,
וְאִתְגְּנֵיז. וְהַקָּדוֹשׁ בָּרוּך הוּא הֲוָה נָהִיר, וְאַפִּיק
מִינֵיהּ חַד זֹהַרָא דִּימִינָא דְּקוּדְשָׁא בְּרִיך הוּא,
וְאֲחֲזֵיד לְסִיהֲרָא. וּבְהַהוּא זִמְנָא כְּתִיב – הֵשִׁיב[44]
אָחוֹר יְמִינוֹ:

וְהָאוֹר, הָאוֹר שֶׁבָּרָא הַקָּדוֹשׁ בָּרוּך הוּא
בְּמַעֲשֵׂה בְרֵאשִׁית, שֶׁהָיָה מֵאִיר מִסּוֹף
הָעוֹלָם וְעַד סוֹף הָעוֹלָם, וְנִגְנַז. וְהַקָּדוֹשׁ בָּרוּך
הוּא מֵאִיר, וּמוֹצִיא מִמֶּנּוּ זֹהַט אֶחָד שֶׁל יְמִינוֹ
שֶׁל הַקָּדוֹשׁ בָּרוּך הוּא, וְאוֹחֵז בַּלְּבָנָה.
וּבְאוֹתוֹ הַזְּמַן כָּתוּב – הֵשִׁיב אָחוֹר יְמִינוֹ.

וְהַכָּרוֹז, דִּכְתִיב – צֶדֶק יָלִין בָּהּ[45]. וְהַכּכָבִים, מַלְאֲכֵי
הַשָּׁרֵת, שֶׁהָיוּ בָּאִים בָּהּ וִידוּעִים אֶצְלָהּ, וּבְטְלוּ
מִקְּיוּמַיְיהוּ, וְאִלֵּין אִיקָרוֹן מַלְאֲכֵי שָׁלוֹם. וְשָׁבוּ
הֶעָבִים אָחוֹר הַגֶּשֶׁם, דִּכְתִיב – מַלְאֲכֵי[46] שָׁלוֹם מַר
יִבְכָּיוּן:

וְהַכָּרוֹז, שֶׁכָּתוּב – צֶדֶק יָלִין בָּהּ. וְהַכּוֹכָבִים,
מַלְאֲכֵי הַשָּׁרֵת, שֶׁהָיוּ בָּאִים בָּהּ וִידוּעִים
אֶצְלָהּ, וּבָטְלוּ מִקְּיוּמָם, וְאֵלֶּה נִקְרָאִים
מַלְאֲכֵי שָׁלוֹם. וְשָׁבוּ הֶעָבִים אָחוֹר הַגֶּשֶׁם,
שֶׁכָּתוּב – מַלְאֲכֵי שָׁלוֹם מַר יִבְכָּיוּן.

---

44 איכה ב ג
45 ישעיהו א כא
46 ישעיהו לג ז

בַּיּוֹם[47] שֶׁיָּזְעוּ שׁמְרֵי הַבַּיִת, אִלֵּין תְּלַת בָּתֵּי דִינִין, דַּהֲווֹ אוּלְפֵי תּוֹרָה בְּלִשְׁכַּת הַגָּזִית. וְהִתְעַוְּתוּ אַנְשֵׁי הֶחָיִל, אִלּוּ סַנְהֶדְרֵי גְּדוֹלָה וְסַנְהֶדְרֵי קְטַנָה. וּבָטְלוּ הַטּוֹחֲנוֹת, אֵלּוּ כֹּהֲנִים וּלְוִיִּם, וְכֻלְּהוּ מִשְׁמָרוֹת דַּהֲווֹ קַיָּימֵי בִּירוּשָׁלַיִם:

בַּיּוֹם שֶׁיָּזְעוּ שׁמְרֵי הַבַּיִת, אֵלּוּ שְׁלֹשָׁה בָּתֵּי דִין שֶׁהָיוּ מְלַמְּדִים תּוֹרָה בְּלִשְׁכַּת הַגָּזִית. וְהִתְעַוְּתוּ אַנְשֵׁי הֶחָיִל, אֵלּוּ סַנְהֶדְרֵי גְּדוֹלָה וְסַנְהֶדְרֵי קְטַנָה. וּבָטְלוּ הַטּוֹחֲנוֹת, אֵלּוּ כֹּהֲנִים וּלְוִיִּם, וְכָל הַמִּשְׁמָרוֹת שֶׁהָיוּ עוֹמְדוֹת בִּירוּשָׁלַיִם.

וְחָשְׁכוּ הָרֹאוֹת בָּאֲרֻבּוֹת, אִלֵּין נְבִיאִים וְצוֹפִים, דַּהֲווֹ חָזְמָאן בִּנְבוּאָה וּבְרוּחַ הַקֹּדֶשׁ. וְסָגְרוּ[48] דַלְתַּיִם בַּשּׁוּק, דִּבְנֵי נָשָׁא צְווֹזִין, וְלֵית מָאן דִּיָתִיב עֲלַיְיהוּ, דְּהָא כָּל תַּרְעִין נִנְעֲלוּ, מִן יוֹמָא דְּאִתְחֲרַב בֵּי מַקְדְּשָׁא, וּבְטֵילַת עֲבִידַת בֵּית אֱלָהָנָא:

וְחָשְׁכוּ הָרֹאוֹת בָּאֲרֻבּוֹת, אֵלּוּ נְבִיאִים וְצוֹפִים, שֶׁהָיוּ רוֹאִים בַּנְּבוּאָה וּבְרוּחַ הַקֹּדֶשׁ. וְסָגְרוּ דְלָתַיִם בַּשּׁוּק, שֶׁבְּנֵי אָדָם צְווֹזִים, וְאֵין מִי שֶׁמֵּשִׁיב לָהֶם, שֶׁהֲרֵי כָּל הַשְּׁעָרִים נִנְעֲלוּ מִיּוֹם שֶׁנֶּחֱרַב בֵּית הַמִּקְדָּשׁ, וּבָטְלָה עֲבוֹדַת בֵּית אֱלֹהֵינוּ.

---

[47] ישעיהו לג ז
[48] קהלת יב ד

בְּשֶׁפֶל[49] קוֹל הַטַּחֲנָה, אִלֵּין אִינּוּן כּוּתְשֵׁי קְטוֹרֶת, דַּהֲווֹ יַהֲבֵי קָלָא בְּכָל יוֹמָא, בִּכְתִישׁוּ דִּילֵיהּ. דָּבָר אַחֵר קוֹל הַטַּחֲנָה, קָלָא דִּשְׁכִינְתָּא, צַוְוזָא בְּכָל יוֹמָא, שׁוּבוּ בָּנִים שׁוֹבָבִים, וְלֵית מַאן דְּיַשְׁגַּח בָּהּ:

בְּשֶׁפַל קוֹל הַטַּחֲנָה, אֵלֶּה אוֹתָם כּוּתְשֵׁי הַקְּטֹרֶת, שֶׁהָיוּ נוֹתְנִים קוֹל בְּכָל יוֹם בִּכְתִישָׁה שֶׁלָּהּ. דָּבָר אַחֵר, קוֹל הַטַּחֲנָה קוֹל הַשְּׁכִינָה, שֶׁצּוֹוַחַת בְּכָל יוֹם שׁוּבוּ בָּנִים שׁוֹבָבִים, וְאֵין מִי שֶׁיַּשְׁגִּיחַ עָלֶיהָ.

וְיִשַּׁחוּ[50] כָּל בְּנוֹת הַשִּׁיר, אִלֵּין אִינּוּן דְּסַלְּקִין בְּדוּכְנָא בְּכָל יוֹמָא, וּמְנַגְּנֵי נִיגוּנָא דְּשִׁיר. כָּל, לְאַסְגָּאָה מַלְאֲכֵי עִלָּאָה לְעֵילָּא, דַּהֲווֹ מִתְזַלְקֵי מִשְׁמָרוֹת לְעֵילָּא, לְקַבֵּל אִינּוּן מִשְׁמָרוֹת לְתַתָּא. שַׁחוּ, אִלֵּין דִּלְתַתָּא. כִּבְיָכוֹל, אַף אִלֵּין דִּלְעֵילָּא שַׁחוּ. גַּם מִגָּבֹהַּ יִירָאוּ. וְאַף עַל גַּב דְּמִגָּבוֹהַּ הֲווֹ נַסָּא, הֲווֹ דַחֲלִין:

וְיִשַּׁחוּ כָּל בְּנוֹת הַשִּׁיר, אֵלּוּ אוֹתָם שֶׁעוֹלִים לַדּוּכָן בְּכָל יוֹם, וּמְנַגְּנִים נִגּוּן שֶׁל שִׁיר. כָּל לְרַבּוֹת מַלְאֲכֵי עֶלְיוֹן לְמַעְלָה, שֶׁהָיוּ מִתְזַלְּקִים בְּמִשְׁמָרוֹת לְמַעְלָה – כְּנֶגֶד אוֹתָם הַמִּשְׁמָרוֹת לְמַטָּה. שַׁחוּ אוֹתָם שֶׁלְּמַטָּה כִּבְיָכוֹל אַף אֵלּוּ שֶׁלְּמַעְלָה שַׁחוּ. גַּם מִגָּבֹהַּ

---

[49] קהלת יב ד
[50] קהלת יב ד

יִירָאוּ. וְאַף עַל גַּב שֶׁמִּגְבוֹהַ הֵם נַּסִּים, הָיוּ
פוֹזְזִים.

שֶׁזִּוּוּ אִינוּן בְּנוֹת שִׁיר, בְּגִין דְּהָא פ' אֶלֶף לְוִיִּים, הֲווֹ
יְדֵיהוֹן מְהַדְּקָן לְאַזְוֹרָא. כַּד מְטוֹ לִנְהָרוֹת בָּבֶל,
כִּנּוֹרֵיהוֹן הֲווֹ תַּלְיָין עַל אִילָנִין דְּתַמָּן. הֲווֹ שָׁאֲלִין לוֹן
לְנַגְּנָא. וְאָמְרֵי – אֵיךְ[51] נָשִׁיר אֶת שִׁיר ה' עַל אַדְמַת
נֵכָר. נָשְׁכוּ בְּשִׁנֵּיהוֹן בּוֹהֲנֵי יְדֵיהוֹן וְכָרְתוּ לוֹן, וְלָא
יָכִילוּ לְנַגְּנָא, וּקְטָלוּ לוֹן:

שֶׁזִּוּוּ אוֹתָם בְּנוֹת הַשִּׁיר, מִשּׁוּם שֶׁהֲרֵי שְׁמוֹנִים
אֶלֶף לְוִיִּם הָיוּ יְדֵיהֶם מְהֻדָּקִים לָאֵזוֹר.
כְּשֶׁהִגִּיעוּ לִנְהָרוֹת בָּבֶל, כִּנּוֹרוֹתֵיהֶם הָיוּ
תְּלוּיִים עַל הָאִילָנוֹת שָׁם, הָיוּ מְבַקְשִׁים מֵהֶם
לְנַגֵּן, וְאוֹמְרִים – אֵיךְ נָשִׁיר אֶת שִׁיר ה' עַל
אַדְמַת נֵכָר? נָשְׁכוּ בְּשִׁנֵּיהֶם בְּהֲנֵי יְדֵיהֶם
וְכָרְתוּ אוֹתָם, וְלֹא יָכְלוּ לְנַגֵּן, וְהָרְגוּ אוֹתָם.

וְזֻתְזְתִים בַּדֶּרֶךְ, דְּהָא הֲווֹ אַזְלִין בְּרֵיזַיְין עַל
צַוְּארֵיהוֹן, וּמֵהַדּוּקָא דַּהֲוָה תַּקִּיף, הֲווֹ נַפְלוּ
אֶצְבְּעוֹתַיְיהוּ בְּאוֹרְחָא. וְיִרְמְיָה הֲוָה לָקִיט לוֹן
בְּטַלִּיתֵיהּ, וְנָשֵׁיק לוֹן, וּבְכֵי עֲלַיְיהוּ. וַהֲוָה אָמַר לְהוֹ,
בְּנַי, וְלָא אָמְרִית לְכוּ – תְּנוּ[52] לַה' אֱלֹהֵיכֶם כָּבוֹד

---

[51] תהלים קלז ד

[52] ירמיהו יג טז

בְּטֶרֶם יַזְהִישֶׁיךָ וְגוֹ'. וְעַל דָּא כְּתִיב – עַל הֶהָרִים [53]
אֶשָׂא בְכִי וָנֶהִי וְעַל נְאוֹת מִדְבָּר כוּ':

וְזַתְזַתְתִים בַּדֶּרֶךְ, שֶׁהֲרֵי הָיוּ הוֹלְכִים בְּרֵיזִים
עַל צַוָּארֵיהֶם, וּמֵהַהַדּוֹק שֶׁהָיָה חָזָק, הָיוּ
נוֹפְלִים אֶצְבְּעוֹתֵיהֶם בַּדֶּרֶךְ, וְיִרְמְיָה הָיָה
מְלַקְטָם בְּטַלִּיתוֹ, וְנוֹשֵׁק אוֹתָם, וּבוֹכֶה
עֲלֵיהֶם. וְהָיָה אוֹמֵר לָהֶם: בָּנַי, וְלֹא אָמַרְתִּי
לָכֶם – תְּנוּ לַה' אֱלֹהֵיכֶם כָּבוֹד בְּטֶרֶם יַזְהִישֶׁיךָ
וְגוֹ'?! וְעַל זֶה כָּתוּב – עַל הֶהָרִים אֶשָׂא בְכִי
וָנֶהִי וְעַל נְאוֹת מִדְבָּר קִינָה.

וְיָנַאץ הַשָּׁקֵד, מִן יוֹמָא דְּנָצֵיץ אִילָנָא דָּא לְבַלְבְּלִין, [54]
עַד יוֹמָא דַּעֲבִיד אִיבָּה, חַד וְעֶשְׂרִים יוֹמָא נִינְהוּ.
כָּךְ מִי"ז בְּתַמּוּז עַד ט' בְּאָב, כ"א יוֹם בֵּינַיְיהוּ. הֲדָא
הוּא דִּכְתִיב – מַקֵּל [55] שָׁקֵד אֲנִי רוֹאֶה:

וְיָנַאץ הַשָּׁקֵד, מִיּוֹם שֶׁמְנַצְנֵץ הָאִילָן הַזֶּה
לְבַלְבּוֹבִים עַד הַיּוֹם שֶׁעוֹשֶׂה פְּרִי, הֵם עֶשְׂרִים
וְאֶחָד יוֹם. כָּךְ מִשִּׁבְעָה עָשָׂר תַּמּוּז עַד
תִּשְׁעָה בְּאָב עֶשְׂרִים וְאֶחָד יוֹם בֵּינֵיהֶם. זֶהוּ
שֶׁכָּתוּב – מַקֵּל שָׁקֵד אֲנִי רָאָה.

וְיִסְתַּבֵּל [56] הֶחָגָב, דְּאִתְיְהֵב מְטוּלָא עַל כִּתְפוֹי

---

[53] ירמיהו ט ט
[54] קהלת יב ד
[55] קהלת יב ד
[56] קהלת יב ה

דְזַרְעָא דְדָוִד. וְתָפֵר הָאֲבִיּוֹנָה, דְּאִתְבַּטַּל עֲבִידַת בֵּית אֱלָהָנָא. כִּי הוֹלֵךְ הָאָדָם לְבֵית עוֹלָמוֹ, דָּא הוּא כָּבוֹד, דְּאִסְתַּלַּק לְעֵילָא. וּבְנֵי נָשָׁא צָוְוזְוִין, וְלֵית מַאן דְּיִשְׁגַּח בְּהוּ:

וְיִסְתַּבֵּל הֶחָגָב, שֶׁנָּתַן מַשָּׂא עַל כִּתְפֵּי זֶרַע דָּוִד. וְתָפֵר הָאֲבִיּוֹנָה, שֶׁהִתְבַּטְּלָה עֲבוֹדַת בֵּית אֱלֹהֵינוּ. כִּי הָלַךְ הָאָדָם אֶל בֵּית עוֹלָמוֹ, וְזֶהוּ הַכָּבוֹד שֶׁהִסְתַּלֵּק לְמַעְלָה, וּבְנֵי אָדָם צָוְוזְוִים, וְאֵין מִי שֶׁמַּשְׁגִּיחַ בָּהֶם.

עַד[57] אֲשֶׁר לֹא יֵרָתֵק זֶבֶל הַכֶּסֶף, אֲתַר דְּכַהֲנָא מַקְטִיר קְטוֹרֶת עַל מַדְבְּזָא דִלְגָאו. וְתָרֻץ גֻּלַּת הַזָּהָב, דָּא הוּא בֵּית קֹדֶשׁ הַקֳדָשִׁים, דְּתַמָּן כְּרוּבִים דִּדְהַב. וְתִשָּׁבֵר כַּד עַל הַמַּבּוּעַ, דָּא מַלְכוּת בֵּית דָוִד דְּאִתְבַּר:

עַד אֲשֶׁר לֹא יֵרָתֵק זֶבֶל הַכֶּסֶף, הַמָּקוֹם שֶׁהַכֹּהֵן הָיָה מַקְטִיר קְטֹרֶת עַל הַמִּזְבֵּחַ הַפְּנִימִי. וְתָרֻץ גֻּלַּת הַזָּהָב, זֶהוּ בֵּית קֹדֶשׁ הַקֳדָשִׁים, שֶׁשָּׁם הַכְּרוּבִים שֶׁל הַזָּהָב. וְתִשָּׁבֵר כַּד עַל הַמַּבּוּעַ, זוֹ מַלְכוּת בֵּית דָוִד שֶׁנִּשְׁבְּרָה.

וְיָשֹׁב[58] הֶעָפָר עַל הָאָרֶץ כְּשֶׁהָיָה, יִתְחַזֵּר בֵּי

---

[57] קהלת יב ו
[58] קהלת יב ז

מַקְדְּשָׁא, וִיהֵא כְּעַפְרָא. וְהָרוּחַ תָּשׁוּב אֶל הָאֱלֹהִים אֲשֶׁר נְתָנָהּ, דָּא שְׁכִינְתָּא, וְאִסְתַּלְּקוּתָא דְּרוּחַ נְבוּאָה מִן עָלְמָא:

וְיָשֹׁב הֶעָפָר עַל הָאָרֶץ כְּשֶׁהָיָה, יֶחֱרַב בֵּית הַמִּקְדָּשׁ, וְיִהְיֶה כְּעָפָר. וְהָרוּחַ תָּשׁוּב אֶל הָאֱלֹהִים אֲשֶׁר נְתָנָהּ – זוֹ הַשְּׁכִינָה, וְהִסְתַּלְּקוּת שֶׁל רוּחַ הַנְּבוּאָה מִן הָעוֹלָם.

רַבִּי יוּדָאי פָּתַח – בַּיּוֹם [59] שֶׁיָּזֻעוּ שֹׁמְרֵי הַבַּיִת, אִלֵּין תַּנָּאִים וְאָמוֹרָאִים, דַּהֲווֹ נָטְרֵי עַמָּא דְּאַרְעָא דְּיִשְׂרָאֵל, וְאוֹדַעְזְעוּן מִדּוּכְתַּיְיהוּ:

רַבִּי יוּדָאי פָּתַח – בַּיּוֹם שֶׁיָּזֻעוּ שֹׁמְרֵי הַבַּיִת, אֵלּוּ תַּנָּאִים וְאָמוֹרָאִים, שֶׁהָיוּ שׁוֹמְרִים הָעָם שֶׁל אֶרֶץ יִשְׂרָאֵל, וְהִזְדַּעְזְעוּ מִמְּקוֹמָם.

וְהִתְעַוְּתוּ אַנְשֵׁי הֶחָיִל, כְּדִבַר אֱזֹר – וְיֵשׁ [60] בָּם אַנְשֵׁי חָיִל. חוֹבָא דִּבְנֵי יַעֲקֹב, דַּהֲווֹ אַנְשֵׁי חָיִל, וְסָבְלֵי עֲוֻת דִּינָא, כְּדִבַר אֱזֹר – הָאֵל [61] יְעַוֵּת מִשְׁפָּט. קַבִּילוּ עֲוֻת דִּינָא. אִינוּן אַנְשֵׁי חָיִל. דְּכַךְ אוֹרְזְוֵי דְּנָזֵשׁ, לְבָתַר דְּקָטִיל לְבַר נָשׁ, אַהֲדַר וְנָשֵׁיךְ לֵיהּ נְשִׁיכוּ בְּלָא רַחֲמִין, דָּא אִיהוּ עֲוֻת דִּינָא:

וְהִתְעַוְּתוּ אַנְשֵׁי הֶחָיִל, כְּמוֹ שֶׁנֶּאֱמַר – וְיֵשׁ בָּם

---

[59] קהלת יב ג
[60] בראשית מז ו
[61] איוב ח ג

אַנְשֵׁי וְזֵיל. הַזּוּטָא שֶׁל בְּנֵי יַעֲקֹב, שֶׁהָיוּ אַנְשֵׁי וְזֵיל וְסוֹבְלִים עָוֶת הַדִּין, כְּמוֹ שֶׁנֶּאֱמַר – הָאֵל יַעֲוֵת מִשְׁפָּט. קִבְּלוּ עָוֶת הַדִּין אוֹתָם אַנְשֵׁי וְזֵיל. שֶׁכָּךְ דַּרְכֵי הַנָּזוּשׁ, אַזַר שֶׁהוֹרֵג אֶת הָאָדָם, וְזוֹזֵר וְנוֹשֵׁךְ אוֹתוֹ נְשִׁיכָה בְּלִי רְזָמִים. זֶהוּ עָוֶת הַדִּין.

שָׁלְזוּ לְהוֹ בְּנֵי אַרְעָא קַדִּישָׁא, יָאוֹת דְּאַתּוּן אִית לְכוֹן לְמִבְכֵּי, כְּמַאן דְּבָכֵי מְרַזִיק. דְּהָא אֲבְלָא וּבְכִיָּה וּמִסְפְּדָא בְּנְהֵי וּמְרִירוּ לָא מָטָא לְכוּ. דְּהָא רְזַצְתִּין רַגְלֵיכוֹן, וְלָא בְּעֵיתוּ לְטַנְפָא לוֹן כְּמִלְקַדְמִין. כְּדְבַר אַזַר – רָזַצְתִּי[62] אֶת רַגְלַי אֵיכָכָה אֲטַנְּפֵם:

שָׁלְזוּ לָהֶם בְּנֵי הָאָרֶץ הַקְּדוֹשָׁה, נָאֶה שֶׁאַתֶּם יֵשׁ לָכֶם לִבְכּוֹת כְּמִי שֶׁבּוֹכֶה מְרַזִיק, שֶׁהֲרֵי אֵבֶל וּבְכִיָּה וּמִסְפֵּד בְּנְהִי וּמְרִירוּת לֹא מַגִּיעַ לָכֶם, שֶׁהֲרֵי רְזַצְתֶּם רַגְלֵיכֶם, וְלֹא רְצִיתֶם לְטַנֵּף אוֹתָם כְּמוֹ מִקֹּדֶם, כְּמוֹ שֶׁנֶּאֱמַר – רָזַצְתִּי אֶת רַגְלַי אֵיכָכָה אֲטַנְּפֵם.

אֲבָל אֲנַן דְּשָׁכְנִין בֵּין גִּדְרֵי נָזוּשׁ, וְכַמִּין לוֹן בְּכָל יוֹמָא, קָטִיל, וְנָשִׁיךְ, וַאֲנַן זָמִינָן בְּעֵיינִין עָוֶת הַדִּין דְּאִתְעֲבִיד בִּינָנָא, בְּאִינוּן אַנְשֵׁי וְזֵיל, דִּי בְּיוֹמֵיהוֹן

שָׁתִיק, וְלָא בָּעָא דִינָא. דְּדָחֲזֵיל מִינַיְיהוּ דְּהֲזֵילוּ סַגֵּי,
וְלָא יָכֵיל לְקַיְּימָא קַמַּיְיהוּ. וְכֵיוָן דַּעֲבָרוּ לְהַהוּא
עָלְמָא בִּתְיוּבְתָּא, קָיְימָא נָזְשׁ קַמֵּי קוּדְשָׁא בְּרִיךְ
הוּא, וְתָבַע דִינָא:

אֲבָל אָנוּ שֶׁשׁוֹכְנִים בֵּין גְּדְרֵי הַנָּזְשׁ, וְאוֹרֵב
לָנוּ בְּכָל יוֹם, הוֹרֵג וְנוֹשֵׁךְ, וְאָנוּ רוֹאִים
בָּעֵינַים עַוֶּות הַדִּין שֶׁנַּעֲשָׂה בֵּינֵינוּ, בְּאוֹתָם
אַנְשֵׁי זֵיל, שֶׁבִּימֵיהֶם שׁוֹתֵק, וְלֹא רוֹצֶה דִין,
שֶׁפּוֹחֵד מֵהֶם פַּחַד גָּדוֹל, וְלֹא יָכוֹל לַעֲמֹד
לִפְנֵיהֶם. וְכֵיוָן שֶׁעֲבְרוּ לְאוֹתוֹ הָעוֹלָם
בִּתְשׁוּבָה, עוֹמֵד הַנָּזְשׁ לִפְנֵי הַקָּדוֹשׁ בָּרוּךְ
הוּא וְתוֹבֵעַ דִין.

וְדַיֵּיק קְרָא דִּכְתִיב – וְגוֹנֵב[63] אִישׁ וּמְכָרוֹ וְנִמְצָא
בְיָדוֹ מוֹת יוּמָת. אָמַר קוּדְשָׁא בְּרִיךְ הוּא לַנָּזְשׁ,
יוֹסֵף לֹא הָיָה אִישׁ. וְנִמְצָא בְיָדוֹ וְגוֹ', הָא בִּידֵיהוֹן
לָא אִשְׁתְּכַח. אַהֲדַר וְקָאָמַר – כִּי[64] יִמָּצֵא אִישׁ גּוֹנֵב
נֶפֶשׁ מֵאֶחָיו מִבְּנֵי יִשְׂרָאֵל וְהִתְעַמֶּר בּוֹ וּמְכָרוֹ וּמֵת
הַגַּנָּב הַהוּא:

וְדַיֵּיק הַכָּתוּב, שֶׁכָּתוּב – וְגוֹנֵב אִישׁ וּמְכָרוֹ
וְנִמְצָא בְיָדוֹ מוֹת יוּמָת. אָמַר הַקָּדוֹשׁ בָּרוּךְ
הוּא לַנָּזְשׁ: יוֹסֵף לֹא הָיָה אִישׁ. וְנִמְצָא בְיָדוֹ
וְגוֹ', הֲרֵי בִּידֵיהֶם לֹא נִמְצָא. זָזַר וְאָמַר – כִּי

כִּי יִמָּצֵא אִישׁ גֹּנֵב נֶפֶשׁ מֵאֶחָיו מִבְּנֵי יִשְׂרָאֵל
וְהִתְעַמֶּר בּוֹ וּמְכָרוֹ וּמֵת הַגַּנָּב הַהוּא.

תְּמַנֵּי מְאָה שְׁנִין הֲוָה קָיְימָא הַהוּא נָזִיק וְתָבַע דִּינָא.
וַאֲנַן תָּנֵינַן, מַאן דְּאִתְחַיָּיב בִּתְרֵי דִינִין, אִתְדָּן
בַּחֲמִירָא. וַוי מַאן דְּקַבֵּיל עוֹנָשָׁא עַל חוֹבוֹי, דְּהָא
מִיתָה מְכַפְּרָה עַל חוֹבִין, וְאַהֲדַר לְקַבֵּל עוֹנָשָׁא
אוֹחֲרָא, וַוי דִּי הִתְעָוְותוּ אַנְשֵׁי הַזִּיל, וְסמָאל וְנָזִיק
קָיְימוּ לְתַבְעָא דִינָא. עַל דָּא יָאוֹת לָן לְמִבְכֵּי
וּלְמִסְפַּד, דְּקַרְתָּא קַדִּישָׁא אִשְׁתְּאָרַת בָּדָד מִכָּל
טָבִין דַּהֲווֹ בָּהּ. בְּהַהִיא שַׁעְתָּא נָזִיק סמָאל וּבִלְבֵּל
עָלְמָא, וְאָעֵיל רוּגְזָא דָא בִּמְעוֹי דְּהַהוּא רָשָׁע
מַלְכָּא דְרוֹמִי, וְתָבַע דִּינָא מִתַּקִּיפֵי עָלְמָא. וַוי לְדָא,
וַוי לְעָלְמָא, עֲוָות דִּינָא לָא אִשְׁתְּכַח מִן יוֹמָא
דְּאִתְבְּרֵי עָלְמָא, כְּדָא.

בִּמְעֵי שֶׁל אוֹתוֹ הָרָשָׁע מֶלֶךְ רוֹמִי, וְתִבַּע דִּין מִגִּבּוֹרֵי הָעוֹלָם. וַי לָזֶה! וַי לָעוֹלָם! עַוּוֹת הַדִּין לֹא נִמְצָא מִיּוֹם שֶׁנִּבְרָא הָעוֹלָם כָּזֶה.

אֵיכָה בָּנַיִךְ עַמּוּדִים דְּעָלְמָא, קַיְּימִין סְמָכִין, דְּעָלְמָא קַיְּימָא עֲלֵיהוֹן, וַאֲנָא מִתְעַטְּרָא עֲלֵיהוֹן בְּכָל יוֹמָא. הֵיךְ הִתְעַוְותוּ עַל יְדֵי דְּנָזְשׁ, הֵיךְ הִתְעַוְותוּ רוֹזְזִין קַדִּישִׁין, לְאִתְלַבְּשָׁא בִּלְבוּשִׁין נֻכְרָאִין אֲזֻרְנִין, לְמֵידַן לוֹן בְּקִלָנָא סַגִּי, וַוי לְדָא, וַוי לְעַוּותָא דָא.

אֵיכָה בָּנַיִךְ הָעַמּוּדִים שֶׁל הָעוֹלָם, עַמּוּדִים תּוֹמְכִים, שֶׁהָעוֹלָם עוֹמֵד עֲלֵיהֶם, וַאֲנִי מִתְעַטֵּר בָּהֶם בְּכָל יוֹם? אֵיךְ הִתְעַוְותוּ עַל יְדֵי הַנָּזְשׁ? אֵיךְ הִתְעַוְותוּ רוֹזְזוֹת קְדוֹשׁוֹת לְהִתְלַבֵּשׁ בִּלְבוּשִׁים נָכְרִיִּים אֲזוּרִים לָדוּן אוֹתָם בְּקָלוֹן רַב? וַי לָזֶה! וַי לָעַוּוֹת הַזֶּה!

מָאן זַמָּא גּוֹ גִּנְתָּא דְעֵדֶן, בְּשַׁעְתָּא דְאִתְמְסַר דִּינָא לְעֵילָא. עֶשֶׂר מַרְגְּלָאן שַׁפִּירָאן, נְהִירוּ דְּכָל גִּנְתָּא, בֵּין כָּל אִינּוּן אִילָנִין. מִתְפַּשְׁטִין וְנָפְקִין כֻּלְּהוּ לְבַר. וְכָל אִינּוּן אִילָנִין דְּגִנְתָּא דְעֵדֶן, צַוְוזִין וְאַמְרִין, וַוי דְּהִתְעַוְותוּ אַנְשֵׁי הַזְזִיל. וּנְטוּרֵי תַּרְעָא דְגִנְתָּא דְעֵדֶן מוֹדַעְזְעָן, אִינּוּן כְּרוּבִים, סַלְקִין וְנָזְחָתִין, וְלֹא יַהֲבֵי דּוּכְתָּא לְאַפָּקָא אִלֵּין נְהוֹרִין:

מִי רָאָה בְּתוֹךְ גַּן הָעֵדֶן, בְּשָׁעָה שֶׁנִּמְסַר הַדִּין

לְמַעְלָה. עֶשֶׂר מַרְגָּלִיּוֹת יָפוֹת, הָאוֹר שֶׁל כָּל
הַגָּן, בֵּין כָּל אוֹתָם הָאִילָנוֹת, מִתְפַּשְּׁטִים
וְכֻלָּם יוֹצְאִים הַחוּצָה. וְכָל אוֹתָם הָאִילָנוֹת
שֶׁל גַּן עֵדֶן צוֹוְזִים וְאוֹמְרִים: וַי שֶׁהִתְעַוְּתוּ
אַנְשֵׁי הַגָּזֵל! וְשׁוֹמְרֵי הַשַּׁעַר שֶׁל גַּן הָעֵדֶן
מִזְדַּעְזְעִים, אוֹתָם הַכְּרוּבִים, עוֹלִים וְיוֹרְדִים,
וְלֹא נוֹתְנִים מָקוֹם לְהוֹצִיא אֶת הָאוֹרוֹת
הַלָּלוּ.

כַּד אִתְפַּשְׁטוּ מִגּוֹ נְהוֹרִין דִּלְבוּשֵׁיהוֹן. וְעִילָּאִין
וְתַתָּאִין צָוְוזִין לְקַדְמוּתְהוֹן, וְאִינּוּן נְטוּרֵי זָוְמוֹת
לְעֵילָא מִזְדַּעְזְעִין, וְכָל זַיְילֵי רוּם שְׁמַיָּיא בְּכָאן
וּמְיַילְלָן. מַאן זֶמָא לְאִימָּנָא נָעַת וּמְיַילְלָא. נָזְחַת
לְגַבֵּי כְּרוּבִים, נְטוּרֵי תַּרְעִין דְּבַגִּנְתָּא, וְאִינּוּן
מִזְדַּעְזְעִין. סָלְקַת אִימָּנָא, וְזַד כְּרוּב בַּהֲדָהּ:

כְּשֶׁהִתְפַּשְּׁטוּ מִתּוֹךְ הָאוֹר שֶׁל לְבוּשֵׁיהֶם.
וְעֶלְיוֹנִים וְתַחְתּוֹנִים צוֹוְזִים כְּנֶגְדָּם, וְאוֹתָם
שׁוֹמְרֵי הַזּוֹוְמוֹת לְמַעְלָה מִזְדַּעְזְעִים, וְכָל
צִבְאוֹת רוּם הַשָּׁמַיִם בּוֹכִים וּמְיַלְלִים מִי רָאָה
אֶת אִמֵּנוּ גּוֹעָה וּמְיַלֶּלֶת? יוֹרֶדֶת לַכְּרוּבִים,
שׁוֹמְרֵי הַשְּׁעָרִים שֶׁבַּגָּן, וְהֵם מִזְדַּעְזְעִים.
עוֹלָה אִמֵּנוּ, וּכְרוּב אֶזָד עִמָּהּ.

וּכְדֵין לַהַט הַזֶּרֶב הַמִּתְהַפֶּכֶת, שְׁנָנָא סַגִּי, בָּטַשׁ
לְגוֹ תַּרְעִין, וּנְפָקוּ אִינּוּן עֶשֶׂר נְהוֹרִין. עִילָּאִין וְתַתָּאִין

צֽווזין, ווי לְעַלְמָא, ווי לְדָרָא:

וְאָו לַהַט הַחֶרֶב הַמִּתְהַפֶּכֶת, שָׁנָה הַרְבֵּה, מַכֶּה לְתוֹךְ הַשְּׁעָרִים, וְיָצְאוּ אוֹתָם עֲשָׂרָה הָאוֹרוֹת. הָעֶלְיוֹנִים וְהַתַּחְתּוֹנִים צֽווזים: וַי לְעוֹלָם! וַי לַדּוֹר!

אָנָן יָאוֹת כָן לְמִסְפַּד כָּתְנִים, כַּד נָזְחַת אִימָּא, וְלָא אַשְׁכַּחַת לוֹן תַּמָּן בְּגִנְתָּא, וְכָל אִינּוּן נְהוֹרִין וּבוּסְמִין, גָּעָאן וּמְיַילְכָן, כְּדֵין גָּעַת וּמְיַללַת. אִינּוּן כְּרוּבִים נְטוֹרֵי תַרְעִין בָּכָאן וּמְיַילְכָן, פָּתְחִין בִּבְכִיָּה, אָנָן עַל אֲזֵ֫ת כַּמָה וְכַמָּה יָאוֹת כָן לְמִבְכֵּי עַל כּוֹלָא, וְעַל עֲווּתָא דָא:

לָנוּ יָאֶה לִסְפֹּד כָּתְנִים, כְּשֶׁיָּרְדָה הָאֵם, וְלָא מָצְאָה אוֹתָם שָׁם בַּגָּן. וְכָל אוֹתָם הָאוֹרוֹת וְהַבְּשָׂמִים גּוֹעִים וּמְיַלְּלִים. אָז הִיא גּוֹעָה וּמְיַלֶּלֶת. אוֹתָם הַכְּרוּבִים שׁוֹמְרֵי הַשְּׁעָרִים בּוֹכִים וּמְיַלְּלִים, פּוֹתְחִים בִּבְכִיָּה. אָנוּ עַל אֲזֵ֫ת כַּמָה וְכַמָּה נָאֶה לָנוּ לִבְכּוֹת עַל הַכֹּל, וְעַל הָעֲווּת הַזֶּה.

תּוּ פָּתַח – וַיְצַוּוּ[65] אֶל יוֹסֵף לֵאמֹר וְגוֹ', אָנָּא[66] שָׂא נָא פֶּשַׁע אַחֶיךָ וְחַטָּאתָם וְגוֹ', וַיֵּבְךְּ יוֹסֵף בְּדַבְּרָם אֵלָיו. זוּזְבָּא לֵיהּ עַבָדוּ, וְהוּא מְכַפֵּר כּוֹלָא, וּמְכַפֵּר עַל

---

65 בראשית נ טז
66 בראשית נ יז

זוּבַיְיהוּ. כֵּיוָן דְּאִיהוּ מְזַיֵּל, מַאן אִית לֵיהּ לְתִבְעָא עַל זוּבַיְיהוּ. הֲוֵי וְהִתְעַוִּיתוּ אַנְשֵׁי הַזַּיֵּל. עֲוִוּת הַדִּין סַגִּי, הֲוָה לְאִינּוּן אַנְשֵׁי הַזַּיֵּל, וַוי כָּךְ, מַאן יְנַזֵּם כָּן:

עוֹד פָּתַח – וַיְצַוּוּ אֶל יוֹסֵף לֵאמֹר וְגו', אָנָּא שָׂא נָא פֶּשַׁע אַחֶיךָ וְחַטָּאתָם וְגו', וַיֵּבְךְּ יוֹסֵף בְּדַבְּרָם אֵלָיו. הַוַזְטָא לוֹ הֵם עָשׂוּ, וְהוּא מְכַפֵּר עַל הַכֹּל, וּמְכַפֵּר עַל חֲטָאָם. כֵּיוָן שֶׁהוּא מְוַזֵּל, לְמִי יֵשׁ לִתְבֹּעַ עַל חֲטָאָם? זֶהוּ וְהִתְעַוִּיתוּ אַנְשֵׁי הַזַּיֵּל. עֲוִוּת הַדִּין רַב הָיָה לְאוֹתָם אַנְשֵׁי הַזַּיֵּל. וַוי לָנוּ, מִי יְנַזֵּם אוֹתָנוּ?

אַמַּאי הֲוָה עֲוִוּת דִּינָא דָא. בְּגִין דְּהָא אִימָּנָא אִתְתַּרְכַת וְעָרְקַת, וַאֲזָלַת לָהּ, וּבְגִין דָּא עֲוִוּת דִּינָא אִשְׁתְּכַּח, דְּאִשְׁתְּכַּח בְּלְחֻוֹדְהָא הַהוּא דְּאַשְׁטָנָא עֲלָנָא, וְלָא הֲוָה מַאן דְּיִמְחֵי בִּידֵיהּ, וְיַטְעִין עֲלָנָא טַעֲנָתָא. עַל דָּא אִתְמְסָרוּ בִּידְהָא כָּל תִּיקּוּנֵי דְּאִימָּנָא:

לָמָּה הָיָה עֲוִוּת הַדִּין הַזֶּה? מִשּׁוּם שֶׁהֲרֵי אִמֵּנוּ גֹּרְשָׁה וּבָרְזָה, וְהָלְכָה לָהּ, וּמִשּׁוּם זֶה עֲוִוּת הַדִּין נִמְצָא, שֶׁנִּמְצָא לְבַדּוֹ אוֹתוֹ שֶׁהִסְטִין עָלֵינוּ, וְלֹא הָיָה מִי שֶׁיִּמְחֶה בְּיָדוֹ וְיִטְעַן עָלֵינוּ טַעֲנָה. עַל זֶה נִמְסְרוּ בְּיָדֶיהָ כָּל תִּקּוּנֵי אִמֵּנוּ.

דְּאִלּוּ אִימָּנָא אִשְׁתְּכַּחַת תַּמָּן. לְגוֹ בְּמִשׁוּרַת הַדִּין אֲעֵלַת לוֹן. עַל דָּא הִיא בְּכַאת, עַל דָּא הִיא

מְיַלְלָא, עַל בְּנָהָא דְּאִתְגְּלוּ, וְדְאִתְקְטָלוּ,
וְדְאִשְׁתְּצִיאוּ עַל מַגָּן:

שֶׁאִלּוּ נִמְצְאָה שָׁם אִמְּנוּ, לִפְנִים מִשּׁוּרַת הַדִּין
הָיְתָה מַכְנִיסָה אוֹתָנוּ. עַל זֶה הִיא בּוֹכָה, וְעַל
זֶה הִיא מְיַלֶּלֶת, עַל בָּנֶיהָ שֶׁגָּלוּ, וְשֶׁנֶּהֶרְגוּ,
וְשֶׁהִשְׁמְדוּ בְּזֹנָם.

וּבְהֲנַיְיהוּ לָא אִשְׁתְּכַחַת, וַעֲבִיד הַהוּא נָחָשׁ
רְעוּתֵיהּ בְּהוּ. וְעַל דָּא כְּתִיב – וּבְפִשְׁעֵיכֶם[67] שֻׁלְּחָה
אִמְּכֶם. שֻׁלְּחָה אִמְּכֶם, דְּלָא תְּהֵא זְמִינַת בְּדִינֵיכוֹן.
אֵיכָה יָשְׁבָה בָדָד בְּהַהוּא שַׁעֲתָא, דְּאִיהִי הֲוַת
נָסְבָה טַעֲנַת בְּנָהָא, וּבְגִינָהּ אִתְקְרַע דִּינָא:

וּבְדִינֵיהֶם לֹא נִמְצְאָה, וְעָשָׂה בָהֶם אוֹתוֹ
הַנָּחָשׁ אֶת רְצוֹנוֹ. וְעַל זֶה כָּתוּב וּבְפִשְׁעֵיכֶם
שֻׁלְּחָה אִמְּכֶם, שֶׁלֹּא תִהְיֶה מְזֻמֶּנֶת בְּדִינֵיכֶם.
אֵיכָה יָשְׁבָה בָדָד בְּאוֹתָהּ הַשָּׁעָה שֶׁהִיא
הָיְתָה לוֹקַחַת טַעֲנַת בָּנֶיהָ, וּבִשְׁבִילָהּ הָיָה
נִקְרַע הַדִּין.

וְכַד אִינּוּן עֶשֶׂר מַרְגְּלָן נָפְקוּ מִגַּן עֵדֶן, לְאִתְלַבְּשָׁא
בִּלְבוּשִׁין אָחֳרָנִין, כֻּלְּהוּ לְבוּשִׁין אִתְמְסָרוּ בִּידָא
דְנָחָשׁ, בַּר חַד, דְּאִיהוּ רְאוּבֵן. דִּכְתִיב – וַיָּשָׁב[68]
רְאוּבֵן אֶל הַבּוֹר:

---

[67] ישעיהו נ א
[68] בראשית לז כט

וּכְשֶׁאוֹתָם עֶשֶׂר הַמַּרְגָּלִיּוֹת ר״ל הַשְּׁבָטִים
יָצְאוּ מִגַּן הָעֵדֶן לְהִתְלַבֵּשׁ בִּלְבוּשִׁים אֲזֹרִים,
כָּל הַלְּבוּשִׁים נִמְסְרוּ בְּיַד הַגַּזְזָע, פְּרָט
לְאֶחָד, שֶׁהוּא רְאוּבֵן, שֶׁכָּתוּב – וַיָּשָׁב רְאוּבֵן
אֶל הַבּוֹר.

וְעַל דִּיהַב עֵיטָא לְמִרְמֵי לְבֵירָא, אִיתְפַּס אִיהוּ
בְּבֵירָא, וְאִשְׁתְּזֵיב. וְדָא אִיהוּ רַבִּי אֱלִיעֶזֶר הַגָּדוֹל,
כַּד תְּפָשׂוּהוּ לְמִינוּת, וִיהֲבוּהוּ בְּבֵירָא, וְאִשְׁתְּזֵיבַת
נִשְׁמָתֵיהּ דִּרְאוּבֵן:

וְעַל שֶׁנָּתַן הָעֵצָה לְזָרְקוֹ לַבְּאֵר, הוּא
נִתְפַּס בִּבְאֵר, וְנִצַּל. וְזֶהוּ רַבִּי אֱלִיעֶזֶר
הַגָּדוֹל, כְּשֶׁתְּפָשׂוּהוּ לְמִינוּת, וּנְתָנוּהוּ
בְּבוֹר, וְנִצְּלָה נִשְׁמָתוֹ שֶׁל רְאוּבֵן.

בָּרוּךְ הוי״ה לְעוֹלָם
אָמֵן וְאָמֵן.

יִמְלוֹךְ הוי״ה לְעוֹלָם
אָמֵן וְאָמֵן.